出版支持：普陀山国际佛教文化交流中心

文明经典文丛   王志成　苏伟平⊙主　编

新的大故事

[英]唐·库比特⊙著

王志成　刘瑞青　张　倩⊙译

ZHEJIANG UNIVERSITY PRESS
浙江大学出版社

总　　序

　　一直以来想做一件事：翻译一些比较经典的书，出版一些富有生活气息和思考深度的书，这些书可以让更多的人感受到我们能够过上比已有生活更圆满、更自在、更自信、更有意义的生活。

　　浙江大学出版社感到我们的想法在这个快速变化的世界中很有意义，欣然同意出版这套《文明经典文丛》。我们希望这套书确实可以帮助提升人们的生活质量，使人们的生活更加和谐。

　　《文明经典文丛》所容纳的不仅仅有学术的内容，更有精神生命的内容。在东方，哲学和生命是密不可分的。我们的理智活动是生命活动的一部分,这部分内容有的和我们的生命关系密切,有的则不那么密切。例如东方瑜伽,它不仅可以是学术的理智探讨,更可以是生命的试验。瑜伽的原意是"联结"。联结什么?可以和我们的身体联结,通过瑜伽锻炼可以达到健体的目的;可以和我们的心灵联结,使我们的心灵更加超然、自在,更能体验到生命的美好和喜悦;可以和内在的生命本身联结,使得我们作为个体的生命生活在一个全新的世界中;可以通过瑜伽锻炼,帮助我们培养起一种新的生活方式,可以和其他人、其他社会共同体有一种更加健康的关系,甚至可以帮助我们进行有效的自我对话、个体间对话、宗教间对话、文化间对话、文明间对话。瑜伽是走向个人和谐、社会和谐和自然和谐的一种方式、一条道路。我们倡导广义的瑜伽观念,并不限制在大众的哈达瑜伽层面。

文明有多种含义,我们所指的是狭义

的,主要指精神领域的文明。从时间上说,我们既选择第一轴心时代的文明经典,也选择正在形成中的第二轴心时代可能的文明经典,或者一些富有新思想的专著或注释。第二轴心时代的文明正在形成之中。由于人文主义的发展,科学技术的高速发展,人类正进入一个我们在不久之前都无法设想的世界。我们可以看到在全球化过程中,不同的文化传统受到根本性的挑战。传统的经典需要有新的理解才能发挥其作用,而新文明的著作(其中包含经典性著作)自然也不断地涌现。在这一背景下,我们可以回顾起第一轴心时代(公元前 8—前 2 世纪),当时在地球的不同地区,几乎在同一时期出现了一批思想家,他们之间几乎没有来往。而今天,由于地球处于一个全球村中,新文明的创造不再受地域的限制。中国人和其他地区的人一起在创造一种新的文明,我们称之为第二轴心时代文明。

翻译和著述这方面的书不仅仅是一种

时尚，它还能为我们更多地参与新文明、新文化的创造提供参考。

浙江大学具有悠久的人文传统。我们希望这套书可以继承和发扬这一传统，也希望浙江大学在 21 世纪可以更多地参与人类新文明的创造。

是为序。

王志成　苏伟平

2012 年 8 月于浙江大学

目 录

导　言

在本书中,我的目标是在普通读者面前为传统"宏大叙事"的拉丁或西方基督教神学建立一个完全现代的替代品,并在此过程中对其作出评论。

旧的宏大叙事是关于在永恒中开始并结束的万物故事——从上帝和他首次创造天使的等级制度开始,经历人堕落和救赎的漫长历史,直到最后审判和蒙福者的最终胜利。对此的经典表述可以在早期西方教会最重要的神学家希波的圣奥古斯丁(St. Augustine of Hippo,354—430)的《上帝之城》中找到。这一宏大故事充斥在第十一到

第二十二卷之间,它宰制了 17 世纪晚期之前的西方艺术。英语读者或许曾在户外见识过它被有效地戏剧化,即在约克的神秘连环剧中。它以某种类似连环画的形式为中世纪的彩色玻璃绘画提供了主题,并在威尼斯的圣马可大教堂的镶嵌画中得到了尤佳的展示。在宗教改革中,所有主要的新教改革者都仍是坚定的奥古斯丁主义者。其中尤以约翰·加尔文(John Calvin)为甚,他以极大的严谨发展了旧的宏大叙事神学,旨在使普通信众确信上帝对整个宇宙历史的绝对统治权,这样一来只要一个人曾经体验过圣恩,那么无论短期内在他身上发生什么事情,他都能确信自己终将得到救赎。新教传统的形成主要归功于加尔文,它有许多不同的叫法,改革宗、加尔文宗、长老会、清教以及独立派和公理会。如今,所有这些传统的衣钵实际上都为(确切地说不属于任何特定宗派的)保守的新教福音派所继承,该派已被先前的几代美国人和其他人传遍世界大部分地区。

旧的西方宏大叙事神学显然尚未消亡。它部分地源于古代的琐罗亚斯德教,但更主要地来自希伯来《圣经》所展现的古犹太人的国家故事。圣保罗修订和扩充了犹太人关于上帝在他们的历史中做工的故事,这一工作是由他开始的,其目的在于将之转化为关于宇宙的堕落和救赎的基督教新宏大叙事(参见《罗马书》第 5 章、《哥林多前书》第 15 章等)。另一位新约作家,即《希伯来书》的作者,讲述了自己更为保守的故事版本,但他也试图独立地表达一个伟大的共同体凭着信仰穿越历史,通向应许的未来胜利和光荣的长征在西方古典意义上意味着什么。如今,美国的国家命运感和以色列的犹太复国主义之间的紧密联系说明了旧的宏大叙事的、弥赛亚国家主义的宗教意识形态仍有某些现实的政治力量,即便它先前的理智权威如今已彻底耗尽。

拉丁宏大叙事其实是宇宙性的——但

它也是地球中心的。它以天使的受造为始，描绘了路西弗的反叛和他被驱离天堂的经过，继而讲述了上帝接下来如何创造了可见世界和人类，以便为天堂补足能够经受住世俗生活考验的人类灵魂。然而人类的始祖堕落在罪里，为了实现他原初的目标，上帝继而启动了一项浩大的工程，他首先拣选了犹太人，并将摩西律法赐予他们。但他们也堕落了，为了拯救一些人，上帝走了最终的一步，他自己在耶稣基督那里成了人。教会的盛年将终结于基督的回归和他在地上的千年王国的建立。最终，经过最后审判，上帝终于使天堂重新得到完全的补充，并将之关闭，而撒旦和他的拥趸以及所有受诅咒的人类灵魂都将永久被封印于地狱中。故事至此结束。

这个大故事[或神话（muthos），这是希腊语中对应故事的词]为西方的基督教文明提供了思想基础以及历史推动力。直到14世纪意大利文艺复兴时期，它都没有遭遇很

像样的对手,那个时期出现的像彼特拉克
(Petrarch)这样的人,似乎仅仅是跳出了它
的控制而已。彼特拉克是一位世俗诗人,一
个见过世面的人,也是一位学者,他在柏拉
图(Plato)哲学和"人文学"——即古希腊世
俗文学——中找到了他所需要的所有文化
框架。然而,由于柏拉图仍然不仅对意大利
人文主义也对基督教教义保持着主要的哲
学影响力,因此二者之间尚有许多共同点,
教会也尚未感觉到威胁。相反,画家、建筑
师、诗人以及他们的贵族赞助者很快适应了
至今仍然幸存的异教与基督教的神话之奇
特融合。在美术馆中,我们看到桑德罗·波
提切利(Sandro Botticelli)在一幅油画中向我
们呈现悦目的裸体维纳斯,而在另一幅油画
中却又让童贞的圣母穿得像位纯洁的修女,
然而对此我们丝毫不会觉得震惊或惊讶。
毫不夸张地说,意大利文艺复兴使我们都成
为了精通双语的人。甚至文艺复兴时期的
教皇也是持双语的,清教诗人约翰·弥尔顿

(John Milton)在用异教形象装点他的《基督诞生之晨颂》时并不曾犹豫。

正如我们已经说过的,旧的奥古斯丁式宏大叙事神学即便在宗教改革中也不曾受到严重影响。新教徒的领袖仅仅是继续将之视为理所当然的。然而,情况在 17 世纪变得极为不同,因为在伽利略(Galileo)和牛顿(Newton)之间兴起的数学物理学完全改变了西方基本的世界图景,打破了教会的旧权威。在欧洲的世界图景机械化之后,人们渐渐明白物质世界中的一切事件都完全可以用物质、位移和运动的数学定律得到内在的解释。不再有任何现实空间留给那个将所有世界大事导向一个单一的道德预设之实现的天意,事实上也不再有空间留给人类的行动自由或任何超自然的存在和力量。死者无处容身,因为不再有空间以供我们之上的旧天堂和我们之下的旧地狱存在。

牛顿的成功使世人确信,有些不同寻常的事情发生了。人类为自身找到了一条新的道路,这条道路引导他们去认识前所未有的力量和希望。不可避免地,注意力开始聚焦于方法、作为知识建构者的人类思维以及对传统的批判等问题。在过去,大多数或几乎所有社会都是传统指向的,而现在整个传统都需要被严格审查和(多半被)抛弃。所有这一切都成了启蒙运动的任务。

青年大卫·休谟(David Hume)于1739年发表的篇幅巨大的(同时也是极其辉煌的)哲学著作在其全名中显示了这股风潮的走向:《人性论:试用实验(=科学)的推理法于精神科学(=人文学)》。① 批判的、质疑的、直面的、人类中心的新方法在三卷书中被用于研究人类知识、心理学和伦理学。一切都将被重构:进步的、人道主义的、世俗的、以科学为基础的且是完全开明的新视界将处处流行。

休谟大体是正确的。旧的思维方式可

————————

① L. A. Selby-Bigge, ed., *Hume's Treatise*, Oxford: Clarendon Press, 1988 etc.

以概括为"柏拉图、亚里士多德以及宏大叙事的神学",或简单地说"奥古斯丁式的神学",这种思维方式仿佛不久前还盛行在弥尔顿、班扬(Bunyan)和英国国教会的共祷书的世界里,那不过是 70 年前而已。现在,一切都变了。一个新世界在召唤我们。

或许仅仅看起来是如此。事实上,西方世界发现放弃其旧信仰是极其痛苦的,而在哲学上全然清晰地表述其新信仰也极为困难。即便是现在,我们也仍然难以在一个清晰的、确信的、无悖论的、世俗人文主义的世界观中获得安置。现在的情况是,我们一方面铲除未经证实的形而上学假设的残余,另一方面避免自我反身性的悖论,在这样的双重努力下,我们已逐步滑向怀疑论——而在这些方面,研究休谟自身的教育意义仍不逊于研究其他几乎所有现代哲学家。

青年尼采(Nietzsche)对达尔文主义的反应是一个好例子。不愧是尼采,他立刻看到了其中的自我反身性悖论。如果达尔文是对的,那么我们所有的认知能力都只是我们发展出来用以帮助自己出行、觅食、吸引伴侣和养育后代的生存技能。在这种情况下,我们无法区分"真正的"真理和生物学意义上有用的虚构。我们不可能跃出实用主义:正如尼采故意粗鄙地表达的那样,我们所有的真理都只是错觉,但没有它们,我们却活不下去。我们所有的知识都是实用的或"应用性的",没有什么是"纯粹的"。那么达尔文主义自身又如何呢? 如果我们相信它,它可以鼓励我们着手保护野生动物;它可以教会我们热爱地球、身体、感官,并且热爱我们自己的生命。这显然是一种发人深省的、富有成效的甚至是健康的理论。达尔文主义有许多途径可以成为一种好的、有用的理论,可以成为一种与我们整个世界观和自我观迅速深入交织的思维方式。但它是客观真理吗? ——不,这一理论本身似乎要求我们放弃这一观念。那么理查德·道金斯(Richard Dawkins)教授究竟会怎样对待这一结论呢？他将会暴跳如雷，而我对此表示同情。但他怎么可能逃脱这一命运呢？

此时，我们会想起旧的柏拉图—亚里士多德—奥古斯丁的世界观有一个很大的优势。它通过单单赋予人类理性以特权使自身的可能性得到了解释。上帝就是理性自身，他创造了一个以理性为秩序的受造世界。他以自身的形象创造了我们：他创造了理性的、不朽的人类灵魂，以之作为他自身的无限理性的有限对应物。我们因而被特别地设定为能够追寻世界的秩序，甚至能够认识我们自己的创造者。神创论因而比它看上去更为合理，因为它解释了它自身的可能性。意识到神创论赋予他的优势，教皇在《人类通谕》（1950 年）中聪明地将人类的身体移交给达尔文主义者，而为上帝保留了人类的理性灵魂。因此，罗马天主教会在人类理性这一问题上的官方立场直到今天仍是"神创论"的，这样一来就避免了无论我们在何处将科学方法应用于自身时都往往会产生的可恶的悖论。当科学大获全胜时，它颠覆了我们的宏伟抱负，它表明我们只不过是聪明的动物——而科学也因此损害了它自身。而这胜利越是伟大，这自我损害就越严重。明白吗？

　　本次讨论拟引入以下一系列命题。首先，一旦科学革命确实兴起，传统的宏大叙事型的基督教神学就在劫难逃。无论在个人层面还是在宇宙层面，我们的全部生活都并非是在将一个"有意义的"、精心编写的、保证以美满结局告终的宏大故事付诸实践。关于宇宙的堕落与救赎的故事已经为自然科学提供的新的宇宙历史所取代，我们绝不可能成功地将哪怕一丁点旧的超自然主义与科学的世界图景结合起来。心理学家不打算将灵魂附体纳入他们所承认的众多心理状态中，而气象学家也不打算在制定天气预报时衡量目前所知的祈雨者数量。被丁点超自然主义污染了的科学也将不再是真正的科学。如今，教堂里的我们活在否认中,期待着将临的某物能使我们得脱困境。不,这是不会发生的。如今,名为"神学"的学科(如《圣经》批评、基督教教义史、宗教研究等)自身已完全去神话化。如果我们考虑到这点,那么当前旧的主流教会陷入疯狂之中并迅速崩溃的态势也就决不会令人感到意外了。每一个受过神学教育的基督徒都是一个隐藏的怀疑论者。他们全都知道这事实上已不再是真的了;至少,不是在旧的意义上,但不幸的是他们不能这么说。除非他们是主教,否则他们不能这么说。

旧宗教已死。现在回想起来,它真是显得古朴而原始。但在其全盛时期,它确实具有某种智力和想象力上的力与美,它仍然值得我们不厌其烦地探索它到底为什么在那么长的时间里对那么多非常能干的人而言都似乎完全是真的。直到1850年,一位有教养的非神职英国人仍会认为这一切完全是真的:但此后维多利亚女王时代严重的"信仰危机"却显示出整整一代知识分子,像乔治·艾略特(George Eliot)、马修·阿诺德(Matthew Arnold)、约翰·罗斯金(John Ruskin)等人,都意识到游戏收场了。

其次,启蒙思想认为可以单纯用简单的基于科学的世俗人文主义取代基督教,而这只不过会唤起一些关于理性、事实、经验、意识、人类本性等的普遍观念:这个计划已被证明是行不通的。这是个梦,而对它的追求已经成为一个梦魇。

第三,我认为现在需要能带我们脱离梦魇的新的宏大叙事神学。在以前的作品中我已就此给出了一些提示,此处我试图构建一个更为完整的论述,同时提供一种新的叙事,它将在科学和哲学上是完全世俗的、现代化的,但它同时是宗教的且避免了悖论。

这个新任务并不在于罗织一部新版宇宙历史。正如我们将看到的,这一任务在于解释我们的"理想文化"的历史。人类与动物的主要区别在于人类的头脑中总是装着一整个关于文化理念的世界,他或她据此生活。我们并非生活在与大自然简单直接、未经反思的联系中，并非像动物那样对刺激作出反应或寻找食物。我们的头脑中有这个奇特的引导系统，我们在自己的族群中与他人共享。在过去，这一引导系统（大体而言）无论在何处都是宗教性的，并且通过传统代代相传。今天，它的改变巨大而迅速，以至于我们发现自己对它最初如何产生、如何运作以及在现代发生了哪些变化感到好奇。这样一来，我们新的宏大叙事将会是一个关于我们成为现在所是的整个过程的世俗故事。它将试图展示在我们头脑中的世界，那个我称之为我们的"理想文化"的规划，是如何由语言的习惯用法、神话和深层次的文化假设、神祇、精灵、圣人、我们的父母和导师、诫命、禁令和评价标准等构成的。这一庞大的素材库数千年来一直在缓慢地发展。它一直都是建构者，不仅是这个唯一的世界即我们的世界的，也是我们自身的。我们都是宗教人，都是被我们头脑中的引导系统塑造为在世之人的动物。毫无疑问，在我们历史的大部分时间里，这一系统主要是宗教性的，它指导着我们向前发展。而后大约在伽利略被定罪之时，一切都开始改变，最终给我们留下这些问题："为什么在这么长的时间里我们都不得不为了生存而依靠一个庞大的宗教思想体系活着？我们如何理解这一诡异的事实即在现代时期宗教似乎带领我们跃出了它自身并使其自身变得多余？"总之，关于上帝的出生、生活、死亡以及死后生活，我们都需要一种基督教的叙事和一个能赋予其宗教意义的故事。

正如我们将要看到的，这一新故事并非关于堕落和救赎的故事，而是关于我们如何成为我们自己的故事，而且这一故事出奇地拐弯抹角。它由动物经验的暴力性混沌开始。突然，语言闯入其中，它照亮了混沌，开始使事物成为可知的，并开始塑造生活。宗教史继而如同一个故事那样展开，这个故事讲述了凭借语言的力量一个世界如何建立，其法律怎样固定下来，其价值观怎样确立，以及长期的行动计划怎样被设计出来并被执行。一切都首先在超自然层面得以实现：诸神为我们开创了一切。最终，青铜时代发育完全的宗教系统催生出一种新型的"开明"个人批评家——即先知、哲学家——他们批判这整个系统并将之全部带回到人类这里，认为整个进程托人类之福才得以延续。这一宏大叙事继而在耶稣的加利利传道和新的神人生活方式的开创中达到顶峰。随后，整个故事令人惊讶地再现在基督教历史中，而基督教历史本身也在中世纪的苦心经营中宣告破产，并经由宗教改革和启蒙运动对它的批判逐渐回归到个体的现代人那里，人们终于认为自己能够接受偶然性，能够建立起爱的生活而不留任何恐惧或痛苦。

之后，新的宏大故事描绘了对象化及其回归的循环运动，紧接着这一运动的是其在基督教（以及其他一些世界宗教）历史中的再现或回响。如果你想先睹为快的话，这些内容都在第九章中有所呈现。然而这些思想大多新颖且难以理解，不妨给自己一点时间来消化吸收。我正在为现代物理学时代寻找发育完全的神学，它将不可避免地与信仰的传统形式有很大不同。同时请注意，宗教系统得以建立和摧毁的两大历程对整个故事而言同等重要。

唐·库比特
2010 年于剑桥

第一章 "上帝"一词的用法

    为了避免读者误解接下来的故事,我们需要就"上帝"这个被过分附会且引人不快的词作初步的讨论。

    在当代英语中,"上帝"一词常被用作一般意义上宗教的简易代称。在每周日晚的"上帝节目"时段,英国主要的电视频道如今仍然或至少曾经被要求播放带有明显宗教色彩的内容。最近一位以愚忠和好斗而臭名昭著的首相新闻秘书在斥责一名记者时说:"我们不谈上帝。"这意味着他辖下的政客没有哪位会被允许牵扯进宗教争议中。秉承大致相同的精神,在新的宏大叙事中我将要在宽泛的意义上使用"上帝"一词,尤其是在故事开头。它将被用来代指整个超自然世界——首先,代指由作为原型的、神话中的动物及其他存在物所构成的世界,之后代指主要由精灵构成的世界,再然后代指天父统辖下多神教的诸神世界,只有在这之后才最终用以代指犹太人、基督徒和穆斯林的共同传统中唯一大写"G"的"亚伯拉罕一神教"上帝(God)。因此"上帝"一词最初表示不可见的、隐藏的存在物和势力的复杂纠缠,唯当经过几千年之后其用法才变得系统、集中和统一,直至在独一神那里达到顶峰。

宇宙论和心理学沿着与此相类的路线发展,但通常稍迟一些。唯当人们逐渐在某地安顿下来时,世界才有了一个世界之轴(axis mundi)作为中心,才开始成为法治的、统一的。这一进程直到现代才最终完成,相似的论述或许也适用于自我——这一概念自产生以来一直是复数形式的。甚至今天人们也经常听到像"身、心、灵"这样的措辞，此类措辞暗示了人类自我仍未完全中心化和统一化。

我们几乎所有的（也许就是所有的）最基本的关于人类自我和世界的概念都在与上帝的联系中得以产生，在这个意义上神学似乎确实曾是（在某些人看来如今仍是）自然科学的女王。

例如，我们的祖先决定不再做游牧的狩猎—采集者、放弃田园牧歌式的生活，转而定居下来成为耕作者，这是人类发展历程中重要的一步。这对游牧者而言是极为艰巨的一步，最终需要创制崭新的习俗：主权、领土、法律、土地、财产、继承、固定的石室、边界、货币和市场等。游牧者究竟是如何说服自己这样大步跃入未知领域的呢？那时的他们甚至还没有产生出可以用来讨论眼下这一问题的语言。

尽管如此，他们仍然实现了这样的飞跃，因为上帝以一种希伯来《圣经》的所有读者都耳熟能详的方式为他们引领了道路。上帝通过他的众发言人宣告,他不会永远做一个行进在人们前头、生活在帐篷里面的游牧者。他打算安顿下来。他已经拣选了一片领土,并将之许给他的子民作为代代相传的产业。他将安顿下来:不再是移来动去的有翼的灵,而是坐下来,在圣城中心的固定石室中隆重登基。圣地的所有事务将因着这一权位而得到规定……于是,正是通过宗教思想游牧者才首次得以想象并随后被劝服来接受整个人类历史中最重大的变革:文明(来自 civis,意指城市)。

这个例子立即提醒我们去思考其他许多例子。比如,游牧者从不带椅子。诺亚方舟既已是可移动的御座,那么就是上帝为座席开了先河,所有其他的首席座位都由上帝的御座派生出来——国王的、主教的、法官的、教授的、总统的(在拉丁语中有"坐在首位"之义)以及其他主席的。与此相类,青铜时代的考古学提醒我们,最早的定居点曾乱得一塌糊涂。正式的直路并不是为人发明的，而是为神，当作列队游行之路，神年年被请出来沿着这样的道路向其子民展示。

此外还有数不清的例子。窗帘就是不错的一例。最早的窗帘的遗迹在你附近的教堂里，它挂在帘柱之间并遮蔽着圣坛，因为最早的窗帘遮蔽的是神的神圣性。（还记得圣殿的帐幔吗？）现在，窗帘保护你的隐私。现代人的隐私及其权利历史地说来源自神在其"圣所"中对隐私的要求，因为每一神学术语和上帝的每一特权在这数百年间都倾向于变得民主化和世俗化。同样，神圣设施如期成为了皇室设施、家用设施和公共设施。

至此我们首次得见本书的主题之一。我们与其他动物的区别在于，我们的头脑中载有一整套复杂观念，那是我们的"理想文化"，我们在它的帮助之下将我们自身与生活相关联并依靠它生活。我们在学习自己的母语时就已将它尽数饮下，从而成为自己的社会中功能健全的成员。起初,它包含的远不止部落习俗和说话方式:它是一套复杂的宗教思想体系——因为宗教原本是一种高度进步的力量。只有宗教才具有那种生动、令人难忘而又纯粹的力量,能够凭借其神话、仪式和组织拖着懒惰、不情愿的动物进入现代语言之光——那点亮人类存在(being-in-a-world)意识的光。只有宗教具有迫使游牧民族定居下来,迫使他们将自身绑定于某一领地、政治管辖、财产权利、节日、市场以及其他所有之上的力量。

可以把我刚刚描绘的原理扩展到一个更宏大的层面上。就所有谈及此事的神话学中我们最熟悉的那一个而言,上帝是第一个有意识的人,他第一个看见有秩序的、被照亮了的、统一的世界,并且第一个知道这个世界是他的。"因为树林中的百兽是我的,千山的牲畜也是我的"(《诗篇》50:10),他得意地宣称。确实如此。宗教起初是一项高度进步的机制:它首创了我们关于自身和我们的世界最为基础的所有观念,进而逐渐传达给我们。它把我们从自然中拽了出来;它使我们成为人。在且仅在这个意义上,上帝创造了我们。我们总归是按着他的形象所造。

在后来的宗教思想中,上帝常被描绘为既是我们的开始也是我们的终结,是我们的阿尔法和欧米伽,是我们存在的初始地和终极目标。回顾我们人类的起源,关于上帝作为我们的"起源"的故事或许具有帮助我们看清宗教界独特的中央性和权威性的作用。它使我们成为了我们之所是。从相反的方向也即向前展望,我们看到上帝的观念不断地要求我们批判和废止旧的行事方式以及建构世界和自我的旧方式,要求我们向前踏入新的更高水平的知觉、自由和空。旧方式往往看起来更为可靠,抛下它们往往看起来像是信仰的丧失和朝向黑暗及虚空的行动。因此,上帝的不可理解性往往是正统教义的一部分:他是无特征的、黑暗的、虚空的。越接近上帝就会变得越来越自由,越来越被清空。

　　概括说来,宗教直到 16 世纪都仍是人类事务中的进步力量。但是随着科学的兴起,关于世界的新科学理论应该用早已建立且看似拥有这一领域的宗教教义来衡量并与之相比较,这是相当自然的事情。伽利略尤以推翻了亚里士多德的自然哲学和宣称上帝是一位数学家和工程师而著名。在此背景下,尤其是在英语世界中,过去人们思考上帝的方式开始发生重大转变。旧形而上学的上帝,主要以柏拉图哲学和晚期柏拉图主义哲学为基础,从《圣经》时代以来就已是善的形式、愿望的超越对象,这个对象是神秘的、"超越存在的"并居于神秘的黑暗中。自 13 世纪以来,经典旧形而上学一神论已经在某种程度上被大量关于存在的亚里士多德的形而上学及其与自然哲学的结合所修改。但如今,随着科学理论突如其来的巨大影响力,旧的柏拉图—亚里士多德的关于上帝的哲学迅速衰落了。为了取代它，一个新的更为科学的上帝被发明了出来，即设计论的上帝。这个新上帝以柏拉图的《蒂迈欧篇》中的一个形象为基础，被他称为"造物主"。他是一位有限的世界缔造者，一位数学家和工程师。在新的机械论宇宙中，理解上帝的旧方式（将其理解为世界的形式因或最终因等）被封锁了，但你似乎仍可为上帝的存在辩护，将之说成是用来解释为什么宇宙机器被设计得如此精致的经验假设——还有，尤其用来解释生物体何以能被设计成如此精致的小机器，以至于它们可以完美地适应其生活方式。

在英语世界，这一相当新颖的上帝哲学迅速流行开来，并被牛顿与达尔文之间的一长串英国皇家学会神学家们所辛勤传播。但它对当时的理智需求而言是非常浅薄的回答。它的局限性在 18 世纪被休谟和康德所指出，并被坚定地驳斥了。然而，这种解释非常简单和方便，以至于新教福音派不管达尔文对它作出了多么全面的驳斥都仍坚持它直到今天。即便今天，人们似乎还是很少意识到旧形而上学一神论的超越的上帝与从先在的物质中塑造出世界的有限的设计者之间的鸿沟有多么巨大。

尤其值得注意的是，上帝已经近乎排他地与宇宙进化论关联在一起了，这是一种关于整个宇宙——尤其是生物（包括人）——的起源的准科学理论。追求宗教生活的理想目标并试图朝它努力的宗教的那一面丢失了；而新教福音派至今拒绝将批判性思维用于宗教观念，也完全没有灵性（或苦行神学）。然而，令人惊讶的是，他们设法以"传统基督教信徒"的面貌出现。事实上，他们的基督教就像香港寺庙中的"佛教"一样被掏空和缩减了。

总之，在科学革命期间上帝的观念在很大程度上失去了它原有的进步性驱动力。人们由于全神贯注于努力捍卫一个作为经验假设的素朴实在论的上帝观念——这位上帝要为宇宙的存在和生物有机体对其所在环境的适应负责——从而在很大程度上失去了与传统神秘主义神学的联系。到18世纪中叶，旧的形而上学一神论总归是死了——至少在英语世界是这样。

所有这些都是用来解释为什么这本书所展现的新的宏大叙事与传统的是那么不同。新的大故事更像是黑格尔的——然而用来称呼它的却是一个英语特有的短语。这个故事会是我们的理想文化的某种历史，它将展现在宗教思想的发展中，首先是上帝，之后是整个世界，再之后是我们自身如何被产生和发展。我们（在某种程度上）制造了上帝，上帝进而逐渐将我们和我们的世界造成了它们现在所是——且仍在不断成为——的样子。

第二章 "世界"一词的用法

鉴 于 威 廉 · 莎 士 比 亚 (William Shakespeare)独特的文学地位,人们想为他撰写传记并不奇怪。然而在他生活的时代,大多数人的生活只不过刚刚开始得到更好的记录:以教区教堂的登记为例,至此才开始以人出生的那一年为始进行记录。作为一种文学体裁,传记几乎还不存在。因此,现代那些想要成为传记作家的人所面临的任务是从莎士比亚仅存的少许个人信息中创作出一部传记,这就像从一小撮面包屑中做出一个面包。

他们是怎么做的呢? 主要通过描绘一

幅有关莎士比亚生平、时代、社会背景、生活环境（Sitz-im-Leben）——简言之，他的世界——的生动画面。"世界（world）"是一个古老的日耳曼合成词，意指一个人的生平："w(e)oruld'"，与荷兰语的 wereld 和德语的 welt 相关。我们每个人都与我们的世界深深地交织在一起，这使人想到，如果我们把手头上有的莎士比亚的少许个人信息碎片放在一起，加上也许是从他的十四行诗之类的著作中搜集到的关于其个性的证据以及关于他的"世界"的详细知识，那么我们或许能够在想象中为这个人描绘一幅肖像。

因此，日常语言中的"世界"一词的主要用法指的是一个人生活于其中的整个社会和文化背景：世界和他的妻子意味着"所有人"。我们使用这个词时常常是想表达这样的意思，人不应该真的像是这个世界中的人那样允许社会完全统治他所有的思想或支配他的价值观。那些这样做的人也许会发迹，但变得如此世故并不是一件好事。然而,事实仍然是,我们所有人都是时代的碎片,被我们生活于其中的时代所塑造,也参与塑造之。

经过上述讨论必须承认,为了存在至少一个世界,必须存在至少一个人,通常还需要存在整个社会的人,而这个世界是他们的。不存在无主的世界。一个世界是由一个人类主体或一个组织围绕它自身设计或建造出来的,进而成为一个私人的密室、一片领地、一间客厅、一间工作室、一间厨房、一间书房、一个窝。人类非常健谈并好社交,以至于庞大的人类群体——整个社会——很快建立起一个巨大且高度分化的共同世界,这个世界由他们的语言来构造并照亮。

似乎只有人类在最后也是最强大的意义上拥有一个世界。然而,伴随着冯·弗里施(von Frish)、科勒(Köhler)、洛伦茨(Lorenz)、莱克(Lack)、廷伯根(Tinbergen)等人的工作,对动物行为的现代研究在很久以前就已启动，自那时以来，这一情况无疑已被改变。许多动物似乎能够并且确实具有领地性、社会结构、通信系统、习得技能的"文化"传播，以及某种主体性，等等。在这种情况下，我们不得不承认，许多动物开始成为在世的自我（a-self-in-a-world）。现在看来，笛卡尔（Descartes）在人类与动物之间划出如此清晰的界线是不对的，而相信连续性的莱布尼茨（Leibniz）则更加接近正确。

几年前我也许会说动物与人类之间仍有很大的差别，因为动物实际上没有关于我们的理论，而我们却有关于它们的理论。我们盯着它们，想要知道对它们来说成为它们自身意味着什么以及它们是否有可能就我们进行思考。然而如今在我看来，某些情况下——尤其是海豚——两个不同物种之间的隔阂可能会在想象中被跨越，不仅从它们那边也从我们这边。海豚也许能够辨别出两个物种间的密切关系——这很像我们所做的——并帮助痛苦的落水者浮出水面,正如它们帮助自己中的一员那样。

因此,现在看来,在动物与人类生命之间有充分的连续性。从历史的角度来讲,我们的存在的三大维度——语言、意识和世界——都已共同进化并不断脱离我们的动物背景,在这一连续的过程中并不存在一个我们的祖先不再是动物而开始成为人的明显的分界点。然而,基于一般的哲学理由我们或许仍然可以说,人类起飞进入持续发展始于语言、意识和世界——它们全都平行地发展并共存共生——变得连续不断的那个点。在语言中没有缺口也没有缝隙:原则上,语言包含并涉及一切事物。在意识中也没有缺口,正如在时间或视野中那样;与此相似,在自然界中也没有缺口。当语言、意识和世界完全连续起来的时候,人类就获得了他们的人类世界,就像获得一份遗产那样,进而就可以起飞进入历史了。我们并不知道这一确切日期,也许我们永远都不会知道,但我认为伴随着上述过程相当晚近的全面完成,这个日期应该会是旧石器时代晚期的某日。(我暂时选择这个非常晚近的日期是因为,正如我们现在看到的,语言和文化可以进化得非常快。)

至此,我的结论是最初的世界仅仅是人类的世界,我们所允诺的新宏大叙事将试着讲述现代属人的自我在人类世界中起源并成长到成年这个冗长、奇特、兜转的故事。我已在日常生活世界,那个必须有主的人类"生活世界",与不必有主的自然科学"宇宙"之间作出了潜在的区分;这一区分类似于拉丁语中 saeculum 和 mundus 以及希腊语中 aiōn 和 kosmos 之间历史悠久的区分。

伴随着现代自然科学的极高声望和迅速发展,在最近几个世纪中出现了一种将世界与我们当前宇宙理论中的宇宙等同起来的倾向。人们进而开始设想"上帝创造世界"是否可以用现代术语重新描述为上帝引发了大爆炸。

这是一种极为恶劣的误解。物理学并不与人类打交道,它所描绘的世界是一个理论上的建构,这一建构在普通的人类生活世界中组装起来并从中投射出来,但人类生活世界依然是在先的。理论的实验型测试总是发生在我们的生活世界之中。而大爆炸理论或"最初的奇点"则是一个假定,是我们的物理理论所回溯的观念上的界限。它在原则上不能由上帝或其他任何人引起,且在原则上不能由我们或其他任何人观察到。所以在我们人类世界的意义上,它不是一个"真实事件",谈论或试图思考"先于"大爆炸的事情是无意义的,正如在你已到达北极后试图继续向北行进也是无意义的。

这样一来,正如我之前所说,当我们谈论上帝创造世界时,我们并非在谈论我们所谓的宇宙或(某些时候所谓的)自然这一次级的理论建构。事实上,我们在谈论上帝如何制造出拥有他们自己的整个人类世界的人类——这是一个极其漫长的过程,历时万年,直到最近才逐渐完成。我们所谈论的其实是宗教思想史,因为正是宗教让人可以逐渐变成统一的自我,可以用赞赏的眼光看待一个稳定的、统一的、法治的世界,并把它认作是他们自己的世界,认作是他们生活于其中并演绎其生活的剧场。正如我们已经提到的,上帝是第一人称单数,他第一个能够说"我是,这是我的世界,在其中我可以设计并实施我计划好的行动方案"。一切的一切都是通过上帝想象出来的,然而在过去的几千年中,我们原本归于上帝的一切都被逐渐地转让给我们自己,为我们所挪用。因此,长期以来,上帝确实从无中创造了万有,并创造了我们已逐渐成为的一切,以至他自身最终完全成为人并消逝在其中。

因此,我们将要设想出的整个新宏大叙事即是在很长一段时间内我们是如何通过上帝或宗教逐渐成为我们自身并获得属于我们的遗产的故事,而这不过是我们如今在这个世界上所过的生活。是上帝让我们可以想象我们能成为什么,并逐步帮助我们成为之。事实上,我们创造了上帝,以便通过他向自己展现我们未来的成长。上帝曾是我们立志成为的对象。

第三章　起　初

闭上眼睛，你看到了什么？在黑暗的背景中，你以一种不完全聚焦的方式（这是因为你的双眼不再完全协调），看到一片波涛汹涌、泡沫四溅、忽隐忽现的混沌，它由微亮的斑点构成。这些斑点非常微小，以至于你怀疑是不是每一个斑点都可以与视网膜上的一个杆细胞或锥细胞对应起来。整个视野不断闪烁和颤动。在它前方，我似乎看到黄绿色光的碎片飘浮着——这显然是我刚刚合上眼睛前正看着的窗玻璃的残像。除此以外，凭经验判断还极有可能的是，有人打开灯或将手电筒照在我合着的眼睑上，造成了突然的闪光。

这是我们体验原始混沌最为快捷的方式，也即动物对还未被语言照亮、塑造和稳定下来且未被投射在意识中的世界的体验。其他感官也提供类似的体验。照此来看，在我们对各种事物确定的"成形的"听觉之外，总有微弱的嘶嘶声、劈啪声、哗啦声，录音师称之为"背景音"，而无线电爱好者称之为"白噪音"。对于听觉来说，世界减去语言等于白噪音。（音乐本身是使噪音成为可理解的美妙声音的过程。音乐已经是一种语言了。）而就所谓的触觉而言，我们有一种模糊的、通常被忽视的、总体性的身体感觉。它范围很大且十分复杂，包含对温度的感觉、对我们自身脉搏和呼吸的感觉、对我们肌肉不同紧张程度的感觉以及对身体整个表皮的感觉。仅在当下，你就有与脸上各个部位相关的非常复杂的感觉，其中尤以口腔、咽喉、眼眶、鼻黏膜、脸颊和耳朵为甚。奇怪的是，我们很少注意这一切。

现在让我们简短地回顾一下你闭着眼睛时所看到的由斑点构成的奇异、炫目、混乱的暗场。这一次，睁开眼睛，同样目不转睛地凝视天空或白墙。由微小的亮点构成的、同样拥挤的画面仍然存在！这一画面悬在白色背景前，像一层极薄的轻纱面罩：也许它是闪亮的精灵链甲所构成的帘幕，隔在被语言塑造的蓝天、白云、墙纸等外部现实与你之间。稍加注意我们就会发现，纱一样轻薄的原始混沌迷雾无处不在：它时时刻刻悬在我们眼前，正如时刻萦绕耳边、嗡嗡作响的"背景"杂音。

现在回到你闭着的眼睛上，思考一下这片斑斑点点的暗场是多么地缺乏结构。它是有限的、暂时的，但在这里时间不是线性的：它不以任何一贯的方式"流向任何地方"，你所看到的任何事物，也许除了那些后像以外，都不具有稳定的形状或形式。现在你应该注意到的是，这片混乱的虚空同样清空了自我。它使你成为一个裸点，一个最低限度的观察者。当世界（或他者）是空的时候，自我也被清空了。稳定的自我不可能存在于稳定有序的世界之先。

引入上述冥想是为了让你熟悉"混沌"的概念，它意味着事物最初的、原始的、前意识的状态。现代物理学中不存在绝对的真空，因为即便在绝对零度（零下273℃）也仍然存在由粒子构成的模糊斑点和溅滴，它们短暂地产生而后湮灭。无所谓绝对的存在或绝对的不存在：存在本身仅仅是一个或然性问题。这种存在于绝对零度下的微小泡沫被称为"量子泡沫"。同理，我认为，每个有感觉的有机体、每个具有敏锐地颤动着的感官表面的活物总有一点（但也只是一点点）感觉和主体性生活；我所提到的当你闭上眼睛时所看到的东西是它的自然图像（甚至是范例）。那是一种不停歇的低水平的感觉闪现，仅此而已。那里还没有语言，没有事物的形成，没有统一的世界，也没有自我。

如果在旧石器时代早期，或是再往前很

久,那曾是我们所是和我们所拥有的全部的
话,那么我们是如何实现进步的呢?我们是
如何发展出语言、意识、自我和世界的呢?
正如前面提到的,在泡沫迭起的背景以外,
还有尖锐而突然的感觉和情绪不时闪现,其
中最典型的就是当某些具有生物意义的事
物出现时。出现的这一事物可能是潜在的
掠食者、竞争者、潜在的配偶、对幼崽的威
胁,或是原因不明的突发噪音或运动——还
有一些其他的可能性。而当有机体突然被
惊动以致陷入僵硬的静止和专注中时,它必
须迅速对这个突然出现的刺激物进行分类。
它还必须正确地分类,以便尽快作出恰当的
反应。

　　这里我要简要介绍一个生物学术语"刺
激类化"。当谈到有机体对具有生物意义的
刺激物作出(反射式的或受过训练的)恰当
反应时,我们并非在谈论一个每次都必定完
全一样的刺激物:我们是在谈论一定范围内
可能的呈现物,其中每一个都足以诱发同样

的反应(行为主义心理学早就发现了这一点)。例如,这一特定范围内的呈现物中的任一个都可算作是被可怕的掠食者威胁的情况;那一特定范围内的任一个都可被有机体视为遇到需与之争斗的重要对手的情况;另一特定范围内的任一个都会被有机体视为潜在配偶接近的征兆,进而引发求偶行为,正如在威廉·杰弗逊·克林顿(William Jefferson Clinton)的例子中常常提到的那样,诸如此类。我们有足够的例子来就意识、语言、知识和宗教的第一起源提出一系列命题。

(1)即便再简单、再基础的行为也与其他行为一样,是有感觉的有机体对具有生物意义的刺激物迅速作出恰当反应的能力的表现。但要做好这一点,则需要有机体能够将这一组特定呈现物中的任一项归类为掠食动物,那一组归为被掠食动物,另一组归为配偶,即自己所属物种的适龄异性,又一组归为可能的危险,再一组归为对幼崽的威胁等,并准确无误地根据每种情况作出恰当的行为反应。这意味着,有机体已经运用了一般概念、普通名词、类属名称、标准范例、类型或种类等概念,不同的特定呈现物一经出现即可被迅速归入其所属类目中。

(2)简言之,一般概念意味着每种事物具有行为指导意义的标准范例。它极为重要。它是第一位的。它是标志。它使世界成为可理解的,它指导生活。它对生存不可或缺。早期人类大多只捕猎或畜养一种或少数几种动物,他们对了解和密切观察这一物种、详细认识其典型行为有着所有可能动机中最为强烈的动机。同样,人类对准确识别出少数重要掠食者、对恰当解读生殖循环的各个不同阶段的标志从而顺利地经历这一循环也具有相似的动机。

(3)现存最早的艺术作品是对动物和女人的描绘,而宗教的第一对象是图腾,这一切在前面的基础上完全可以从生物学角度得到解释。图腾动物是一般的羚羊或狮子,

是其整个族类标准的、规范的始祖和根源，
而整个图腾系统是理想文化的第一形式：它
像一张周边环境的简明指示图，准确地告诉
你必须留意什么以及如何应对。[①] 图腾动
物会适时地发展为祖先的神话式存在、精
灵、天使和神；兽形（动物形）神圣形象——
如狮子、羔羊、鸽子和蛇——至今仍然存在
于相对古老的宗教如基督教和印度教中。
动物吉祥物至今仍然为军队和体育俱乐部
所采用。

（4）图腾动物是如何发展为精灵的呢？
只需闭上眼睛我们就可以回到最初的开端，
现在我们可以看到，尽管我们面对的仿佛纯
然是混沌，但它仍为人类智力发展提供了两
个可能的起点。它使我们能够区分移动的
东西和使之移动的东西。即使是达尔文的
狗也能够作此区分，当它看到地上撑开的阳

---

① C. Lévi-Strauss. *Totemism* (trs.) Rodney
Needham, Intro，by Roger Poole, Harmondsworth.
Middx：Penguin Books，1973.

伞被风吹动时,它会朝着伞而非风吠叫。每当我们突然觉察到周遭环境中的意外运动而看不到任何明显原因时,我们仍会想到万物有灵论(对精灵的信仰)。我们会的。

后世思想的第二个起点很容易漏过。当我们看着眼睑的内面,或当我们躺下来凝视空荡的天空时,自我似乎被清空了,直到它成为一个空旷的瞭望台或观景平台(Aussichtspunkt)。观察仍是事实,但确实多了一丝超越的意味。正如电影中的摄影师,他往往被忽视,但他一直在那里。

我们由此发现,上帝的诞生最初有三个根源:图腾或一般概念、不可见的移动者或赋予生气者以及(隐隐地具有超越性的)观察者。这一诞生正是出于完全可理解的生物学原因——我们人类作为高度社会化的动物,既猎杀也被猎杀,需要武器装备,为了生存和养育后代密切合作。让我们暂时记下这一点:图腾动物是具有指导意义的一般概念,是第一个神,比自我更古老。

（5）现在，我们可以设想最早的宗教仪式可能采取的形式。男人们聚在一起准备狩猎：他们也许是在一个山洞里或山洞边，或是其他有猎物岩画的地方。篝火熊熊燃烧。男人们穿戴并装备狩猎所需的一切。仪式由一位巫师带领，他专事引导人们改变意识状态，这要在音乐和药材的帮助下实现。在这种意识的改变中（相当于处在突然出现的超自然世界），人们一同起舞并使自己团结到一项共同事业中来，所有的注意力都集中在作为部落生活中心的猎物上。为了将每个人的注意力都集中在猎物上，巫师，也可能是所有人，会穿戴它的象征物如角或皮毛。①

所有这些仪式的意义都足够清晰了。

---

①　此处我提出的观点在 Maurice Bloch 的 *Prey into Hunter* （Cambridge University Press, 1992）中以一种有趣的方式得到发展。一般概念、图腾动物是不朽的，因此，如果我可以通过献祭或以一些这样的方式将自己认同于它，我就可以为自己赢得它的某些不朽性。

早期狩猎采集者生活在勉强糊口的水平,他们都是极懒散的人,注意力范围非常狭小。男人总想倚坐着而让女人做所有活计。曾经如此,如今仍是。要将男人团结到共同的事业——狩猎——中来并将注意力完全集中到猎物上需要大量的规训和仪式。仪式将猎物以其最权威的形式展现给他们:不是随便哪头老鹿,而是羚羊,是他们必须共同保持集中注意直到狩猎成功的特定品种。丢下同伴空手回家必将被视为严重的罪行以及对自身男子气概的叛离。男人绝不可以放弃,如此等等。在这里我们可以看到礼拜、宗教律法观念以及罪与耻的最初起源。

即便在其发展的最初阶段,宗教也显然具有一些极为重要的社会功能——认知的、社交的和道德的。它使人们具备了关于其所处世界最基本的指示图以及识别其最显著特点的能力。它将人们汇合为能够有效合作的团结有力的群体,并为我们提供了道德规范的最初起源,在我曾提到的案例中表

现为如今仍然有力的同伴友谊和兄弟情谊，
支撑它的是关于耻辱的朴素观念。坦白地
说，男人宁肯死在狩猎中也不愿被其他人说
他不是男人。所有这一切，最初的宗教都主
要通过艺术和宗教仪式来实现。最终，我们
得以瞥见超自然世界信仰的最初起源。当
人们咀嚼或闻嗅致醉植物的叶子、聆听致醉
的音乐从而进入一种轻微恍惚的状态中时
就可以通达那里。在那种状态，巫师与神圣
的、精灵形式的图腾动物晤面、交感，而此时
普通人也变得更易受到影响，乐于向某个伟
大的共同事业庄严地宣誓效忠。

　　我所讲述的故事主要集中于男人和狩
猎，因为洞穴壁画看起来只讲了这个故事。
我们也可以另外讲一个与此不同的、更加弗
洛伊德式的故事，那将是关于亲属关系、原
始父亲和我们的第一父母的。① 然而，尽管
关于祖先和亲属关系的故事是如此富有趣

---

① 此处参见弗洛伊德的《图腾与禁忌》。

味和魅力,但其古代证据却少得多。

宗教思想还有哪些特点尚未出现呢?最值得一提的就是宇宙论和心理学、世界和自我尚未确立中心和统一起来。正是由于最早的人类是居无定所的狩猎采集者,他们的世界不存在坚固的中心,不存在一切事物绕其旋转的轴心。相反,他们把所处环境看作一个有些无序的诸势力混战场,有些势力是善意的,有些庄严地保持中立,有些则恶意地处置人类。他们的世界中鲜有规律性和稳定的同一性,而宗教及时地抓住了仅有的少许。但更多的是可怕的、不安定的、不明确的、由神秘的变化所支配的。

尤其值得注意的是,在我们一直思考的早期阶段,自我同样是模糊的和中心未定的。它像一个空旷的剧场,各种生灵都可以进进出出、走走过场。神灵,尤其是动物类属,获得明确可识别的心理特质、独特个性和名字远在我们之前! 因此,超自然世界比人类个体的自我世界更加古老;我们早在学会将鲜明的个性特征归于自己之前就已将之归于狮子和羔羊、猫和狗、鹰和鸽子。事实上,人类的个性特征中借自先前的动物原型的占大多数! 游牧民族的世界是一个尚未安顿的世界,而我们在那段日子里同样尚未安顿,尚未成为任何定义明确之物。

第四章　定　居

许多基督教神学家,尤其是加尔文
(Calvin)和卡尔·巴特(Karl Barth)传统中
的那些,总想宣称《圣经》作为一个整体只能
推导出一种系统神学——当然,就是他们自
己的神学。他们完全错了。事实上,宗教非
常保守,以至于仅仅一部希伯来《圣经》就包
含了整个宗教历史的许多甚至大半——包
括一些陈旧得令人吃惊的上帝观念(还有上
帝对他自己过去愤怒的否认)。据此以观,
单是在《创世记》中就有上帝还是复数形式
的时代的残留(如"Elohim(耶洛因)"这一称
号以及向亚伯拉罕显现的"旧约三位一

体"），它可以与后世对神圣统一体的坚持相对照。《创世记》中亦有上帝曾是动物图腾的时代的隐蔽残留（如"雅各的大能者"这一称号间接提到的"雅各的公牛"，见《创世记》49∶24 等），它可以与后世捣毁金牛犊相对照。上帝还曾要求并接纳人牲，包括儿童人牲，后来他又试图与自己的历史中这个非常不幸的事实保持距离，《创世记》中同样有那个时代的残留。最后，在许多场合中，上帝以人的形象向人显现，或是在天国中像人类君王被朝臣簇拥那样登基，这可以与后世对偶像的全面禁止以及第二以赛亚被提升的、完全超越的超形象上帝相对照。即便达到了如此高度的神学也仍不是故事的终结，因为《创世记》自身包含了世俗人文主义的散文小说，它预告了我们将在后世的大卫宫廷史中遇到些什么。同样在《创世记》中，我们发现了一个很像亚伯拉罕的人，他是如此地先进，以至敢于当面质疑上帝的决定；他的胆魄甚至令尼采印象深刻，同时令人期待对

《传道书》和其他《圣经》作品的怀疑。

顺便提一句,希伯来《圣经》是极富多样性的。它包含四类书籍:律法书、前先知书、后先知书和智慧文学——诗篇和智慧书。从奥古斯丁到加尔文的旧宏大叙事试图把所有这些差异塞进单一的正统系统神学中,这是完全错误的。相反,我们将利用《圣经》全部的差异来讲述我们新的宏大叙事,那将是关于上帝的诞生、生活、死亡和死后生活的故事;我们还将讲述,上帝如何通过他自身的逐渐发展和自我清空,给予我们关于自身和世界的所有基本观念,并最终为了完成创造我们的工作而死去。

总之,希伯来《圣经》的上帝几乎在不断地自我改造,他还在自身中复现了宗教的整个历史——那是一部我们每个人都仍纠缠于其中的历史,一部我们仍在睡前故事中以某种方式传达给孩子们的历史,一部我们如何成为自己的历史。

整个故事的转折点发生在——正如前

面已经提到的——一个总在流浪的狩猎采集者和牧民决意定居下来成为农民的时刻。①

这一变化是巨大的,最终几乎改变了文化的每一个方面。例如,炎热国家的牧民往往喜欢在夜晚迁移他的牧群,或者至少在太

---

① 关于宗教在早期国家社会中的角色,我在多年以前曾深受 H. Frankfort 主编 *The Intellectual Adventure of Ancient Man*(Chicago 1941)一书的影响,这本书在英国被更名为 *Before Philosophy, as a Pelican Book in 1949*。其中关于埃及国家的论文尤其令人难忘。在随后的几年中,我开始阅读 J. B. Pritchard 的里程碑式的文集 *Ancient Near—Eastern Texts*, Third Edition with Supplement, Princeton 1969, 以 及 Thorkild Jacobsen, *The Treasures of Darkness*: *A History of Mesopotamian Religion*, Yale UP 1976。这些书仍然很有价值,但更为晚近的,如 Steven Mithen、David Lewis-Williams 和 David Pearse 的作品则是基于更加广泛的现代研究,它们迫使我进行大量的反思。特别是,国家的成熟宗教意识形态曾在比我原本认为的更多的地方发展,速度也更为缓慢。但它确实发展了,在世界的许多地方都惊人地相似。其最后的残余仍存在于我们周围。

阳不是最热的时候。他倾向于按照阴历,如
动物和人类的经期和孕期的月份来测算时
间。东方的牧羊人喜欢阴历。然而,定居下
来的农民依靠太阳和农业劳作的年度循环
来生活,这是由城中神庙里的祭司所规定的
一套历法或节日周期来标示并灌输给他的。
定居,或者"文明",标志着开始根据中心制
订生活的时间表。农民需要集市,而农耕生
活倾向于变得高度常规化。农场不是单独
存在的:它存在于与伟大中心——如今叫作
CBD(中心商务区)——的联系中,在那里上
帝端坐在位于集市一边的神庙中,而从他受
膏的国王端坐在位于集市另一边的宫殿中。
农民把农产品带到神庙,并在神庙中把它们
换成钱——"钱"和"铸币"这两个词都源于
罗马的朱诺·莫内塔神庙,因为是神最先发
明了货币经济,他在铸造钱币时将自己的头
像印在上面来为之担保,并给钱币镶上凸起
的边缘,或许还轧齿边,以防被人们裁剪。
是的,诸神发明了一切,他们尤其关心交换

正义,如今称之为商业伦理。在新兴城邦中定居生活的整个系统都具有神学意义,它是由代神说话的祭司们所设计的。农业(agriculture)、宗教崇拜(religious cult)和文化(culture)是通过祭司交织在一起的。尤其值得注意的是,神发明了集市、货币和公平贸易。神发明了"中心化"的生活以及城邦,包括政治、日常工作、法律和税制。第一种税——什一税——是交给神这第一位地主的。

事情必定是这样的。过去,上帝住在可移动的帐篷里,他每天在他的子民穿过旷野长途行进时为他们领路,日间在云柱中,夜间在火柱中。但如今上帝有意定居下来。他不必做一个无家可归的流浪者:他拥有所有的土地和所有的牲畜,他的所有权可不仅仅是传统的季节性放牧权的问题,而是绝对的所有权。因此上帝选定了一片领土,并选择了一个城市定居。他会给他的子民以征服那片土地和定居其上的力量。他已经将神圣的律法口授给摩西,他的子民到达那里后将以之作为生活的根据。

在新的圣地,土地使用权问题将是十分重要的。上帝将会是至高无上的立法者和所有者,而圣殿将是他的权力宝座,圣殿中的祭司团代他掌管他的财产。最终,君主将从他们手中接管。

我所描绘的制度一直具有惊人的影响力和持久性。尽管我们大多数人都是从《圣经》中了解到它的,但它早在公元前4000年的美索不达米亚就已初具雏形,如今仍可在西肯特的布鲁克兰教区教堂中见到极具说服力的遗迹——或许那是全世界最后一个仍在使用中却设施齐全、足以发挥农产品仓库功能的礼拜场所。(在英国,什一税的最终取消才刚刚完成!)

旧制度下的土地使用权源于上帝,通过君王传给各种各样的产权所有者和佃户。农场工人可能会以各种各样的方式被"束缚"在土地上,或是日工,或是奴隶。

　　说到土地和两性，只要想想世袭财产（patrimony）与婚姻（matrimony）这两个词之间有趣而又意味深长的区别就明白了。从游牧到农耕的转变、到将农产品带去城市——那个作为你生活的中心、为你的生活制定规章并保护着你的地方——的转变，就是在向一种新社会秩序转变；在新秩序中，普通农民生活里的首要抱负就是将他从他父亲那里继承来的财产完好无损地传给他儿子。在婚姻中，女人被男人所约束，以便帮助男人保有和传承他的世袭财产。事情就是这样。不要怪我，亲爱的。

　　尽管并不介入更多的细节，但定居的农民的新生活方式已经牵涉到整个文化庞大而复杂的转型。它使一切变得不同了，以致在旅行者和定居者之间引起了一直延续至今的相互敌对和不理解——表现在例如东欧人对罗姆人或"吉卜赛人"的态度中。人们简直无法想象古代流浪者如何才能考虑所有的利弊并自己决定启动如此重大的转

变。他们不曾拥有也不可能发明出定居者
的土地所有权观念。他们只有在经历了相
应的变化之后才能够那样思考。他们需要
慢慢地习得所有的新观念。于是,正如从人
类故事开始以来那样,必须由上帝来领路,
来做决定,来告诉他们这一决定意味着什
么,并拖着他们进入新时代,尽管他们不情
愿。即使那样,根据希伯来《圣经》,仍然存
在一群顽固的保守派——利甲族,他们坚持
继续住在帐篷里,拒绝食用谷类或饮酒(葡
萄酒庄园和葡萄酿酒业对游牧民族而言是
文明的道德危险之大象征)。尽管上帝自己
也采取了相反的观点,但他发现自己不得不
佩服他们!(参见《耶利米书》35 章;35:18
以下)回想起来,以色列人自己也坦白承认,
他们并不曾自己选择文明:"我祖原是一个
将亡的亚兰人(即'无名小卒'),下到埃及寄
居……主领我们出了埃及……他将我们领
进这地方,把这流奶与蜜之地赐给我们"
(《申命记》26:5 以下)。

整个论证在这一阶段的总论点是，在哲学兴起前，更是在定居的城市生活和书写文化兴起前，人类的存在还不够集中、安定、稳固和有序，不足以产生任何关于独立的人类自我或相对独立的自然秩序的成熟观念。只有当生活围绕固定的中心安定下来时，人们才开始认为上帝是唯一的，并且是立法者。之后人们才可以发展出更为统一、有序的观念，先是关于宇宙和社会秩序的，而后是关于自我的。

每件事都必须通过超自然秩序或上帝来思考。上帝要处处为人带头和引路。我无法为自己想出任何东西：我不得不呼唤上帝的灵或智慧来照亮我的心。我无法变革：只有上帝才能变革。我无法弄清自己的价值：我需要被教以上帝所启示的意志并遵守它。至于世界呢？——它那时还不是亚里士多德将要宣告它所是的相对独立的、法治的、可预期的自然秩序：它是"上帝的圣袍"，而它唯一的排序规则就是上帝的圣言，以及他对自己的允诺的忠诚。

因此上帝必须在每件事情上带路——他确实这样做过了,但这导致了一个不寻常的结果,随着"文化"的发展,《圣经》中的上帝逐渐将他的权力移交给我们,提升我们的同时他自己则逐渐隐退。通过他自身缓慢的自我清空甚至死亡,上帝逐渐创造了我们人类。起初,神学是科学的女王,因为我们几乎整个理想文化都是宗教的;但随后上帝逐渐隐藏他自身进而离去。他将对动物的控制权交给亚当,并将生殖力及其附带的全部交给亚当和夏娃这对夫妻,由此早早开始了这一进程。他知道,最终他将不得不移交知识,尤其是创造——甚至是创造道德本身——的权力;但他并不想匆忙了事。他需要在一段时间内坚持统治我们的行为的权力。在此期间,他开始筹划自己的逐渐消失。

首先,他不再像一个行走在众人中的人那样亲自以人形显现。他最后一次以那种

方式向亚伯拉罕和雅各显现时已经有些遮
遮掩掩了。从那以后,他仍继续出现,但只
是在非常正式的场合,并且会适当地考虑人
选的优先性。只有摩西可以经常见到上帝:
其他人——亚伦、他的儿子拿答和亚比户以
及七十位长老——都必须保持距离,只有一
个难忘的时刻除外,当时整个代表团正式求
告天上的神,他从犹如蓝宝石般的天幕中步
出,享用食物与饮料(《出埃及记》24:1 以
下,24:9 以下)。从此,上帝只会在召唤诸
如以赛亚和以西结这样的先知时才会以惊
人的异象直接现身,这样的现身常常与他在
尘世的正式居所即圣殿相联系。上帝为令
人目眩的光所环绕。

后来,随着社交生活逐渐变得更加常规
化和规范化,上帝作为一个单独的个人倾向
于更多地把自己隐藏在其所启示的律法的
运作之后——就像在我们的社会中人们所
说的不露面的官僚那样。如果律法运作良
好,立法者本人就无须亲自干预。只要有一

个由专业文士、律法解释者和法官组成的团
体在人们之中维持律法的统治就足够了。
上帝似乎已经在渐渐隐没了。只要宗教系
统继续令人满意地运作着,他就可以隐没于
其后。这一系统可以自行运作,无需上帝。

然而,以色列人变得懈怠、粗心了,进而
堕入罪中。一如往常,年长者觉得年轻人变
散漫了,他们十分怀念过去那些权威受到尊
重的美好时光,那些破坏规矩的人很快就受
到惩罚。灾难和国家的挫败促使人们谈论
被破坏的契约。宗教如何复兴呢?仅凭律
法本身很明显不足以改变顽固执拗的人性。
向某种古老的直观性回归是必须的,但怎么
做呢?

又一次,主动权必须来自上帝自身。以
色列人像一个淘气的学童,他曾通过自上而
下强加的律法而与上帝处在规训与被规训
的关系中;就像任何其他学童一样,他触犯
律法"仅仅因为它在那儿"。是时候与上帝
进入更为成人式的关系了——这意味着恢

复直观性，意味着弥合行动在人心中的源泉与它的他者，即善，或神圣意志之间的鸿沟。事实上，为使我们变得完全自主，上帝必须内化于"人"之中。

以色列先知在这一点上运用了各种隐喻。上帝会将他的灵倾注在所有的血肉中，上帝会拿走我们的顽石之心而给我们以血肉之心，上帝会将他的律法直接写在我们心上，上帝会离开圣殿转而进驻个人的心中，上帝会变得完全内在于我们，居于我们之中。

总之，先知们所寻求的上帝的彻底民主化在新教改革后部分地实现于基督教的公理会中，而在公谊会（贵格会）中得到了最为充分的实现。上帝不再是一个客观存在，一个凌驾于我们之上的专制帝王。相反，上帝将会分散在每个人的心中，就像自由的民主国家的主权不是外在的，而是分散在所有人中那样。由此导致的社会将是平等主义的：僧侣统治——即由一组神职人员管理社

会——和种姓或阶级制度都将不再是必要
的。每个人都将与上帝尽可能地接近,上帝
与个体的人类自我已经是完全同心的了。
那时将不再有宗教,因为宗教是人类个体与
被认为是崇高而遥远的神之间才需要的冥
想装置。当上帝与自我重叠时,律法将会终
结,宗教将会终结,上帝本身事实上也会
终结。

所有这一切都意味着,在最伟大的以色
列先知们那里,上帝的最终启示同样将是上
帝之死,将是上帝作为一个独特存在的最终
消失。这并不十分接近我们现代意义上的
"无神论",而是更接近"人性主义"。

第五章 上帝，一个过渡对象？

　　我们需要扼要地重述论点，这样当我们到达新宏大叙事的关键或高潮时，我们就可以清楚地知道我们在哪里以及什么是至关重要的。

　　我们开始于下面的认识：在一个后达尔文主义的、世俗的、实用主义的时代，我们自己的世界、人类的生活世界、存在于我们关于它的言语和意识中的世界，是我们所知或有据可查的唯一的"真实"世界。我们完全无法确知拥有其世界的其他任何人，至于我们自身，则总是从我们自己的视角出发。许多动物显然有能力投射出自己周围的小世

界。它们也许是领地性的、热爱交际与交流
的；但动物对它们的生存环境的改造绝不会
达到我们所做的程度，而它们的世界似乎不
过是我们的世界的缩减版。我们怀着追思
甚至是恋旧的心情看着它们，因为它们使我
们得以瞥见自己从何而来；但它们的小世界
并不真的能够与我们的世界相匹敌。而现
代物理学所发展出的极为宏观的物理宇宙
学则是一个理论建构，一个补充，它从我们
人类自身的生活世界中投射出去，又在与人
类的生活世界的对照中被审查。它所描绘
的一百三十亿年的宏伟历史中的许多事件
在原则上都不曾也不可能为任何人所观察
到：从不曾有、如今也不会有一个可以让任
何人在此处观察到"大爆炸"和"黑洞"的立
足点。它们也许是，毫无疑问，它们就是，非
常有用的理论性存在而已，然而就我们的世
界、人类生活世界，也即我们的语言的世界
而言，它们并非"真实的"。世界是我们的生
活环境，是我们自己的栖身之处。它不过是

暂时的，是我们自己聚积的建构，但它是我们所拥有的全部。它是首要的。科学家们并不逃避它；相反，他们居于其中，正像我们其他人所做的那样。

　　这一切将造就一部关于我们如何开始、如何成为我们之所是、对我们而言有什么以及我们应当如何生活的新宏大叙事的宗教故事——如今每一个这样的宏大故事都必须采用人类理想文化史的形式——这是一部关于精神、关于意识、关于语言、关于我们不断发展的对自身和我们的世界的认识的历史。抓住这一点的第一位伟大哲学家是黑格尔（Hegel），在这里我试图以一种非常朴素、低调、平凡的方式用英语重述他在《精神现象学》（1805）中首次涉及的部分理论基础。黑格尔第一个认识到，如果世界是我们的世界，如果人类精神是曾经想要建设一个完整的世界并理解它的任何企图的唯一源头的话，那么人类思想的历史就与作为整体的"现实"的历史、一切的历史相一致，甚至就是其本身。我们是世界的建设者。只有我们曾建立起一幅真正巨大的世界图景，正如我所说的，我们的世界图景事实上就是世界本身。我们无法明确地区分当下所谈论的世界和绝对意义上的世界。只存在我们的世界，也即我们当前的世界观。只存在我们的"视角"。

因此，任何一个像我这样不明智以至希望基督教能与时俱进的人，都需要用一个新故事来取代古老的西方—基督教宏大叙事神学，这一新故事也即人类思想史，它将展现我们如何通过进化设法脱离我们的动物背景，以及我们的理想文化、我们头脑中的计划为什么在那么长的时间里都曾是且不得不是宗教性的。正如我所讲述的，整个人类故事不过是关于诸神和上帝诞生、生活、死亡和死后生活的故事。通过讲述这个故事，我们会对我们自己和我们的处境有更为清楚一些的认识，我们还会更为清楚地认识到上帝曾具有哪种"真实性"以及他如今在他的死后生活中的处境。

于是,最早的人类从动物层次开始了他们的进程,他们只有动物般极低水平的意识,只有当具有生物意义的对象逼近时,他们身处的黑暗才会被恐惧或兴奋的尖锐而突然的闪现所照亮。动物具有生物内置的识别刺激物的能力——这个刺激物是我们的主要天敌之一,是同性的潜在竞争对手,是处在发情期的潜在异性配偶,是威胁我们幼崽的东西,等等。刺激物会引发动物恰当的行为回应。动物完全沉浸在它自己的生活中,始终警觉地参与其中。它做自己的事情没有任何问题。

早期人类则不太一样,因为在发展初期的人类采取了相当极端的幼态持续(neoteny,希腊文,意思大概是"延长的不成熟期")这一不寻常的发展道路。人体保持了相对无毛、无特定功能、外观不成熟等特点,例如人类在出生时与其他哺乳动物的胚胎状态相似。其主要特点是具有一个相对过大但仍相当不发达的大脑。这样一来,尽管许多动物都必须在出生一两个小时后就能够起身跟着兽群跑动,人类却相当无助,需要多年的照料、培养和教育才能够自食其力。当我们回顾人出生时的平均预期寿命、发现在公元 1800 年前的几乎整个人类历史中这个数字都小于 30 的时候,我们不禁陡然发现,在自己还是孩子的时候就养育自己的孩子曾事实上占据了人的整个一生。你直到差不多十四岁前都是不成熟的,随后结婚,养育自己的孩子,之后如果你幸运的话可以活得足够长,以至在死前能够见到"你孩子的孩子以及平安归于以色列"(如《圣经》上说的那样)。生活的绝大部分都是传统:你被教导,然后把自己被教导的东西传下去。你活着是为了生活本身及你们的文化传统的延传。

在人类这里,文化、传统、语言和意识本身都是同一个流动的公共进程,即黑格尔的"精神",它使我们与自己的经验之间的关系区别于动物的相应关系。经过驯化的、圈养的动物是蠢钝而糟糕的，但真正的"野生"动物，我们在野外看到的那些，是异常激动、富有活力、警醒且反应迅速的。我满怀艳羡地看着它们，因为作为人类的我已经被自己所拥有的语言和意识从自己的经验那里微微疏远开来。我把这种对直观性的稍稍疏远或退离称为"思虑（minding）"。这是犹豫、焦虑和反思的空间。在这个空间中，我们忆起以往相似的时刻，回顾许多不同的可能的假设，并产生我们的焦虑。我们在这上面花费时间；但我们也许花费了太多时间，忍受着让人丧失行动力的焦虑，最终发现根本不可能全心全意地投入在哪怕一个行动步骤中。如习语所说，我们"思虑"过重。"我束手无策了"，我们说，"我该怎么办？"——各式各样的习语中有两个提醒人在紧要关头"稳住心神"、"随机应变"有多重要，千万不要被"吓丢了魂"。

　　早期人类将如何应对这一切呢？他那

高水平的意识本应是生物优势,但它却有着令人丧失能力的危险。

在他面前,生活世界将自身呈现为一个剧场,神秘的暴力势力在其中彼此对抗,有时还会突然转向针对他。他,或她,究竟是如何掌握对自己的生活和世界哪怕任意一种控制权的呢?他几乎什么都不知道,也不理解。如我在前面已经提到的,他尤其需要处理突然出现的具有生物意义的对象。他需要立即对它们进行正确分类并作出恰当的回应。

其中最为直观且显然很重要的例子是,当一个必须被非常及时地识别为猎物或天敌的动物出现时,前者是我们要捕猎的,而后者是我们最有理由,比方说,畏惧之类的。在每一种情况下,我都需要在头脑中立即就某一物种、类属、品种或一般概念引入一个指示性的、标准的形象,这样我就可以将之举在面前作为对照,在那对象出现并落入这个分类的瞬间认出它。

这个标准的一般概念即宗教系学生所称的图腾，哲学家称之为一般概念或（柏拉图意义上的）理念，现代生物学家则会简单地称之为物种。我先前曾提出，现存的洞穴壁画及其他真正早期的艺术作品展现了狩猎—采集者的一项典型的宗教仪式，它具有为参与狩猎的男人们备战的功能。这一仪式在每个参与者的头脑中就他们需要密切注意的特定动物物种留下其标准的、指示性的形象的深刻印象，这一仪式的力量非常强大，以至于在狩猎期间只要猎人中的一员发现了猎物，整个团队就会被迅速地激励，从而展开有效的集体行动。

我将这一案例视为最早的宗教形式的一个非常简单的模型。它已经是公共性的了，包含了仪式并运用了各种各样的手段，如音乐、舞蹈、特殊的服装以及温和的植物类致醉药物，这些东西联合生效使得参与者变得易受影响。整个过程由一位教职人员即萨满来引导，他的作用是将参与者团结在一起。参与者的注意力高度集中在宗教对象上，以至于这种注意力能够为开展一项非常重要的公共事业武装他们，并使他们保持注意力集中。

人们要学着注意的宗教对象是一个通用的、指示性的形象，它帮助我们解释生活经验，并在生活中取得成功。它向我们展示了如何生活。动物内置了对突然出现的刺激物或紧急需求的迅速的反射反应，而它是其文化替代品。它是标志，或是现代术语中所谓的图例。

你也许会问，这岂不是很累赘么？动物在直接做出它这一类动物应该做的事情方面没有任何问题，而我们人类呢？我们太过小题大做，我们总是忧心忡忡，我们的注意力只能持续很短的时间。我们需要仪式、装扮、集体训练以及宗教意象来帮助我们集中注意力并保持注意力集中在我们的生活所要求的核心公共事业上。我所举的例子是狩猎，但我也许还曾引用启动仪式、结婚典礼以及战争或祈雨的仪式作为例证。

不管怎样，我始终认为图腾可以被视为那个将会适时地成为"精灵"、而后成为神祇的东西的先驱。某一特定部落所公认的整个图腾系统是对环境的早期分类，它特别突出地强调了你需要注意的东西。图腾系统与仪式及其相关的特殊精神状态相结合，很快演化为精神世界。这是如何实现的呢？因为一般概念、通用词汇是理想的、非经验性的。它是权威的、强有力的，它不是可朽世界的一部分，它进入你的头脑。在定居生活的最初阶段，精灵成为诸神，但当部落彼此结盟形成第一个国家社会时，诸神并未完全忘记他们的动物出身。在古埃及，他们仍保留着动物的头，而且在每个宗教中（也许伊斯兰教除外）动物象征甚至直到今天都仍然突出得令人惊讶。对基督徒而言，基督仍是羔羊或狮子，而圣灵仍是鸽子。

为什么——例如在古代埃及国家形成期间——图腾动物们成为精灵并在此后成

为诸神或宇宙级的巨人,且其伟大程度和力量远远在我们之上呢?他们大概是在教导我们如何在越来越大的尺度上思考问题。我们会死,我们的国王也会死;但通用种类、图腾、精灵、上帝和国家——它们永远活着。我们正在发展一个有序的宇宙观,以及一个大规模的国家社会,后者声称它凌驾于我们之上的永久权威获得了宇宙的授权。思想变得愈发统一。旧的世界之树正在成为新的世界之轴(axis mundi),世界围绕它旋转。宇宙和国家正在变得越来越有序、合理和统一。上帝正在逐渐成为一,成为宇宙的立法者,成为世界与我们生命的全能的律法制订者。学者们使宗教律法的体系变得系统化,希望它像上帝一样成为统一的。所以,如今世界、君主、国家和宗教律法都像上帝一样逐渐成为统一的,而人类自我的渐趋统一也终于姗姗而来。

在传统的马克思主义理论中,生活的物质基础是第一位的,之后这一物质水平上的

实践、运动和矛盾才在社会的理想文化中有
所反映。我们全部的宗教和相关信仰都是
副现象,不过是泡沫罢了。我的故事则扭转
了这一次序,转而提出宗教的对象和观念从
来都是领先的。它们是理想的、规范的、设
定标准的观念,它们从我们的环境中挑选出
重要的特征并向我们展示如何处理它们,它
们引导我们通过生活走向那个始终保持多
多少少走在我们前面的理想秩序。

　　因此,在我们的宗教思想中,上帝向我
们展示了应该成为什么以及如何生活,他以
这样的方式为我们领路。因此,在以色列,
正如在美索不达米亚的城邦中,王权和立法
始于诸神,直至后来神才被劝服,逐渐将这
些职能授权给将会以他之名、代他行事的人
类君王。宗教曾在很长的时间里作为社会
进步力量而存在:上帝曾是一种间接的、他
谓的思考方式,你可以藉着他思考那个你几
乎还无法想象的未来,并藉此看到你自己如
何被指挥着前进直至跨入其中。上帝还通

过不断地行进以及自身的成长壮大来不断抬高标杆,促使我们致力于更高远的目标。因此,我认为我们应该摒弃关于上帝的流行观念,即认为上帝是无限的、完美的、不变的存在,转而将上帝视为发展步调处在我们之先的某物,就像一根胡萝卜,一个梦,一盏指路明灯。上帝引领人类的发展。他处在永不停歇的变化中,并在其自我变革的过程中始终保持领先我们一两步。

思考上帝的这一方式是由黑格尔引入的,当然,它还没有进入公众的视野。但它为我们提供了一种方式,我们可以藉此在如今这个被其世界观认为是世俗的、人文主义的、历史主义的文化中,继续将宗教看作是重要的,且直到最近都仍对我们的发展而言是不可或缺的。我们应该感谢上帝:他创造了我们。

现在的问题是,我们应将何种地位归于这些"必要的神话"。在一本名为《游戏与实在》的书中,英国心理学家 D. W. 温尼科特

(D. W. Winnicott)早已引入了"过渡对象"的概念。① 它是一个地位不定的对象，对于极度依恋它的婴儿来说是真实的，但在观察者的眼中也许是虚幻的。它可以帮助孩子渡过困难时期。它是一个假想的朋友和伙伴，可以是一条舒服的毯子、最喜欢的洋娃娃，甚至是一个守护天使、一个守护精灵。它还可以被叫作圣物、护身符、吉祥物、符咒。

过渡对象的这种模糊不定的地位会使我们想起，柏拉图的理念对他自己而言是处于更高的、可理解的世界中的真实存在物；然而对亚里士多德来说，理念不过是我们头脑中有用的观念，在后来的思想中，它甚至不过是我们给所处环境中的事物分类所用的一般词汇、通用术语。

上帝是否是或是否曾是这样的过渡存在物呢？起初对生活而言必不可少，之后随

---

① D. W. Winnicott. *Playing and Reality*. London：Hogarth Press，1971.

着人类文化生活的发展逐步变得更为高远，
最终变得多余、消失在迷雾之中？我们现在
已做好准备用更为现代的词如"语言"或"文
化"来取代"上帝"一词了吗？在何种情况下
我们才能在回忆起宗教时将之视为曾经在
其黄金岁月对我们而言必要的、进步的、非
常有价值的，而如今不过是不再需要的
机制？

　　我们在整个论证的这一阶段不需要做
更多的事情，只须铭记这些提议。

第六章　他者的信仰

　　维多利亚时代的英国人凭借他们充沛的精力以及对一切事物的广泛兴趣,收集了大批报告并将它们送回国内,这些报告介绍了最近有幸臣服于大洋彼岸的伟大白色女王膝下的人们的风俗和信仰。这些信仰颇具异域风情,同时抵达的物质文化的相应物品也是如此。然而几乎没有人怀疑这些信仰起码可以被清楚地理解和评价。野蛮人的宗教信仰被判定为对世界完全错误的假设、将会随着欧洲启蒙运动的传播自然消亡。与此同时,解释如此古怪的信仰何以能被接受,以及为何他们能在长时间缺乏任何确凿证据支持其真实性的情况下仍如此顽强地坚信,成了人类学界的主要任务。这一路线上最佳的著作大概是爱德华·泰勒爵士(Sir Edward Tylor)的《原始文化》(1897)。

在为维多利亚的进路指出弱点并给出更好的方法方面最重要的人物是埃米尔·涂尔干(Emile Durkheim)和布罗尼斯拉夫·马林诺夫斯基(Bronislaw Malinowski)。他们坚持认为,人的宗教信仰与其整个文化密切相关,应当将之放在其中理解。"参与观察法"作为新的人类学研究方法包含了维多利亚时代的人原本会称之为"去往本土"的成分,后者也曾在事实上大规模地这样做了——学习当地的语言,与当地人同住至少一整年,完全浸入他们的生活中,并记录一切。研究者对该信仰在其自身的社会生活设定中的作用方式描述得越是完全,就越容易正确理解该信仰。

在内行的人,例如英国人类学家 E. E. 埃文斯-普里查德(E. E. Evans-Pritchard)

那里,这一方法催生了一些优秀的研究成
果。① 然而到 20 世纪 60 年代,问题开始累
积。殖民地自治运动使得安全地安置年轻
研究生变得更加困难,尤其是当他们中的一
些成为激进的提倡者之后,他们为保护自己
所研究的当地人免遭渐渐入侵的记录仪的
侵扰而斗争,甚至因此反对他们自己的政
府。也有人说,这一研究方法带有殖民主义
思想,它吞噬整个古老文化,把它摊开摆在
冰冷的展柜中,在西方学术界想象的博物馆
里展出。涂尔干的著名论断"一切宗教都是
真实的"被视为与维特根斯坦的名言"这不
过是玩一个语言游戏"相类似:任何实行中
的宗教系统都是真实的——但仅仅是在极

---

① 许多人类学家曾反思他们自己的学科的混
乱的现代史,埃文斯－普里查德自己是其中一位:
参 见 Evans-Pritchard, *Theories of Primitive Religion*, Oxford: Oxford University Press, 1965;
另一位杰出的人类学家曾反过来对他进行思考,见
Mary Douglas, *Evans-Pritchard*, Glasgow: Collins
(Fontana Modern Masters), 1980。

其萎缩的实证主义意义上。它不过是在那里,它已经没有了生命力。这是我们可说的一切。

更为严重的是,维多利亚时代的不可知论者和无信仰者尽管可能认为部落信仰明显是错误的;但他们却并未被自己的意义性所困扰,因为他们对自己社会中的宗教信仰十分熟悉。甚至迟至埃文斯-普里查德,你仍然可以看到,他之所以能成功地使东非的宗教信仰看似可理解,是因为他自己已经成为罗马天主教的皈依者。但对那些比埃文斯-普里查德更能一贯地坚持世俗的、批判性的、现代的进路的人类学家来说,非洲传统的(还有澳大利亚的和巴布亚的)世界观变得愈发难以理解了。到20世纪70年代,罗德尼·尼达姆(Rodney Needham)等人类学家开始觉得,我们永远也不可能真正切身地理解那些与我们完全不同的头脑的所思所想。席卷现代西方的高等教育、科学和技术的巨大浪潮极大地加速了宗教长期以来的衰落，它使我们越来越难以同情古老的、彻底的神话—宗教式的思维方式，而后者如今已从我们身边溜走，渐行渐远，直至溜进我们的过去。这件事已发生在我身上，尽管我严格说来还是个牧师。早在20世纪50年代时，我还相当肯定我清楚地知道上帝应该是怎样的，精灵应该是怎样的，以及超自然世界和死者的居所应该是怎样的。那时我或许已经有所怀疑，但至少我不曾怀疑我确实知道我在怀疑些什么。可是如今……

许多人文学科如今极为痛苦地意识到我所描述的困难，但其中一个学科已经做出了有趣的反击。考古学也许是个小学科，但它拥有数量庞大的世俗公众，他们渴望听到所有关于人类起源和史前时期人类发展的故事。意识和语言是如何产生的？"认知考古学"令人信服地证明了可以从非文字的、史前的证据中得出关于彼时的世界观和信仰的结论，诸如科林·伦弗鲁（Colin

Renfrew)、史蒂芬·米森（Steven Mithen）和戴维·韦斯特－威廉姆斯（David West-Williams）等作家也能够为他们的书找到庞大的读者群。

我非常欣赏他们的工作，然而我在哲学上的保留意见使我不能像他们那样写作。在我看来，传统的宗教信仰和思维方式毫无疑问正在迅速地彻底消失。如果宗教能存活下来，那么如今它也只能以极端萎缩和堕落的形式存在，沦为激进的、清教徒式的、反自由的民族国家主义之类的东西。再也没有人能够说清楚他们觉得上帝应该是怎样的，精灵应该是怎样的，死者的居所应该是怎样的（或在哪里），神圣的行为应该是怎样的，或者宗教生活应该是怎样的以及今日应如何实现它。出于这个原因，我发现我很难简单地接受那些有关萨满变幻为鸟或乘着独木舟盘旋在宇宙深处的叙述。逮到我"出神"的家人也许会嘲笑我"神游太虚"——但我真的无法将此外的任何描述归于萨满。

萨满在说些什么呢？

总之，我们必须将文化的全面世俗化纳入考虑，其世俗化程度将远远超越迄今为止的全部设想。其主要原因是如今的文化已完全为科学和技术所主导，自 17 世纪 60 年代以来一直谨遵有意义地、诚实地使用语言的严格规定。作为其后果，我们丧失了所有崇高而宏伟的古老修辞风格：想想史诗和悲剧的命运吧。现代自然科学的宇宙论尽管有着令人瞩目的成就，但它并不能告诉我们关于我们自身，关于宗教、伦理、政治和艺术，乃至关于"生活"的任何事情——然而它并不知道也无法描述它已制造出并仍在继续制造一片怎样的沙漠。随着史诗与悲剧的死亡，生活的整个维度已经丢失，而我也看不到我们将如何寻回它们。

谈到写作用于出版的科学报告时对于语言的使用的严格规定，这使我想起我自己提到的反击与认知考古学所做的反击之间的不同。我的论点是，如今不可见的超自然宗教世界及其所有居民和武装力量唯一可能的居所位于疏于照管、鲜有理解的语言意义世界中。当我"出神"的时候,我是在聆听语言的空转,它在我的头脑中自发运动。

这个想法有一段很长的历史,我已经自己把玩了多年。柏拉图的理念所处的可理解世界看起来很像是对民间宗教信仰的精灵世界所做的哲理化处理。理念是永恒的、强有力的,作为原型塑造了我们的思想。对柏拉图自己来说,理念似乎是客观存在的。对亚里士多德来说,它们只是我们头脑中的概念,而对中世纪唯名论者来说,它们不过是名词(=语词)。但在基督教柏拉图主义中,整个理念世界往往被封闭在神圣心灵中,理念被重新描述为神圣观念,是一切受造物的原型。此外,理念——尤其是其中最有力的那些——也许会被视为天使或神圣力量。

把基督教柏拉图主义向前推进:当一神

论被稳固地坚守且上帝强有力的时候，上帝将统一整个观念/天使世界并牢牢地保持对它的控制。"上帝"一词将成为主词，由它来确保语言整体是有中心的、在其位的。在"洁净的"语言与"肮脏的"或"坏的"语言之间通常有一条界线，而且又一次地，当上帝是强有力的而语言处于严格的纪律控制下时，正常情况下所有坏的、叛逆的语词或天使都会被坚决地拒斥于语言天国之外。它们被囚禁于地狱中，没有哪个正派的人会拜访甚至提到它们。一句"粗言秽语"也不允许蹦出。然而在上帝死时，语言的戒律将溃乱，最强有力的天使/词语都将挣脱束缚，在世界里疯狂地横冲直撞——当然，就像艾利斯·默多克（Iris Murdoch）关于 20 世纪 60 年代宗教危机的小说《天使的时光》所说的那样，一切都"失控"了。

这些想法已经在柏拉图主义哲学的边缘盘绕了近两千年。这里我只是粗略地指出，柏拉图的理念、亚里士多德的概念、天使

的等级制度、神圣观念与作为世界上的特殊
具体事物的理想原型或范本的一般词汇/抽
象名词之间的一致性。这些概念都是相互
关联的,它们向我们展示了,如果我们更多
地关注神秘的、神奇的、鲜有理解的语言意
义世界,那么我们可能会以怎样的方式挽回
某些失落了的生活维度。

我们受到了哪些指导?我们可以用来
开辟这一区域的最佳的知识分子传统来自
弗洛伊德(Fredu)、拉康(Lacan)和德里达
(Derrida)以及其他相关的作家。拉康并不
理会弗洛伊德自称的科学家身份,而是将他
视为我们的象征性行为和语言的杰出解释
者。德里达有时会显示出卓越的原创性和
启发性。此外,现在卡尔·荣格(Karl Jung)
的遗产监护人逐渐允许他的更多遗作出版,
他的作品——以及他的某些追随者,如约瑟
夫·坎贝尔(Joseph Campbell)和米尔恰·
伊利亚德(Mircea Eliade)的作品——可能会
有所贡献。然而,我在论证的这一阶段提出

的唯一总论点是，一种更为丰富的语言/写作/象征主义哲学会帮助我们更好、更细致地理解那个我们从中脱颖而出、成为了我们如今所是的漫长的宗教思想史。

第七章　媒介宗教

我们新的宏大叙事神学是一部有着四幕或四部分的戏剧。

本剧的第一幕，本书第三章，描绘了这一切是如何开始的。起初，我们远古的祖先尚未发展出语言，那时他们生活在黑暗中，这黑暗像轻盈的泡沫不断涌现。偶而，强烈的光芒伴随阵阵的快乐与痛苦不时照亮这黑暗，然而它尚未被语言所照亮。他们不具备有意识的、有组织的、有中心的自我，也不具备有中心的、有组织的世界。尽管像泡沫一样涌现的黑暗是时间性的，但他们的时间还不是线性的，因为你需要语句来给予你单向线性时间的观念。事实上，在他们可以开始拥有一个世界之前，他们需要普通名词和动词——也即物质和因果性的一些开端。他们所拥有的全部支持只有自己迫切的生存需要以及相对的不成熟状态，这些赋予了他们以快速、大量学习的需求和能力。

　　他们学会了作两种区分。首先，他们学会了将所处环境中对自己最重要的具体事物分为不同的种类。他们通过在自己眼前固定某一生物物种的标准样本或图画来实现这一点，这一物种是他们必须捕猎、逃离或与之打交道的。他们头脑中的这一对象可以被叫作概念。见诸语言时，它是一个普通名词，如"羚羊"或"狮子"。在其宗教中，它可以被称为图腾。哲学家会称之为一般概念，意即一般词汇，其可能的应用范围不受限制。

　　准确地将环境中的个别事物归入某一重要分类的能力非常重要，以至于你的整个社会可能会分成不同的图腾族群，每一族群都从部落的整个图腾系统中选择其一作为它自己的吉祥物。个人可能会佩带一个自己的图腾的木制或石制的象征。通过这样的方式,整个社会成为某种活图书馆,其结构反映了其所在环境的结构。

关于知识和名词(nomina,意即一般"名字")的起源就说这么多。第二个原始区分是就事物的运动及其运动的原因(也许是风,也许是呼吸,也许是一个偷偷跟踪我的捕食者)作出的。或许这是我们第一次探究因果性和第一次使用动词的地方。

我还曾提出,甚至早在任何人有自我或有自我意识之前,人们或许已经能够在混沌的经验中辨认出主体的立足点的存在,这片混沌正是以这一主体作为显现对象。

现在让我们来思考一下通用术语、图腾或范本的地位。它本身并不是可朽的生物世界的一部分。每一只现实的羚羊都是会死的,但羚羊族,标准的、一般意义上的羚羊,不会死。它根本不在时间中。它在我们眼前,在我们与我们的世界之间,这样一来我们就可以用它作为样本来帮助自己将一只特定的生物辨识为羚羊。因此,它是指导性的,它是强有力的,某种意义上它在我们头脑中,我们需要保持自己的注意力集中于它……总之,图腾已踏上了成为精灵的道路。人们在自己的宗教中也许会用它献祭,以便分有它的生命,与它相"交感"。① 这一角色在圣餐礼中有一个相当晚近的展示,"上帝的羔羊"在其中被用作耶稣的称号:他是"神圣羔羊"。

　　谈得够多了。现在来看第二幕,参见本书第四章。我们概述了当我们的祖先在最后一次冰河期之后逐渐定居下来成为国家社会中的农民和市民时所发生的巨大的文化变革。农民有各种需求:他们需要能够抵御劫匪的军事保护,他们需要法律和秩序来解决关于土地使用期、边界和遗产的争端,

---

　　① 见 Maurice Bloch 的书,第 37 页注释曾引用过。

他们需要能为他们的农产品确定一个公平的价格的市场，他们甚至需要一部历法来为农业生产的年度循环制定时间表。他们还希望有专业的工匠为他们提供工具、陶瓷、织物，等等，那就再好不过了。事实上，他们需要一座城市可以依靠，一位国王为他们征战，一位为这个城市所崇拜的神来维持和管理他们的整个生活。与其他任何售卖商品的商人一样，农民想要和平，但在不断燃起战火的城邦的土地上，和平的代价是沉重的。《圣经》中的以色列人不能说他们没被警告过："一位王？他必向你们重重征税以支付他的建筑工程。他必派你们的儿子服徭役和兵役，他必取你们的女儿为他制造香膏、做饭烤饼。你们必做他的仆人。你们想要一位王？"总的说来，是的，他们确实想。好吧，至少他们中的大多数确实想（见《撒母耳记上》第8章）。

在青铜时代和早期黑铁时代的诸文明中最终发展起来的这一宏大的意识形态为

98

全世界所熟悉，在《圣经》中也常常可以见到。其存活至今的版本得见于莫斯科和北京、东京和亚的斯亚贝巴、拉萨和伊斯坦布尔——宗教授权的绝对君主制一点也不介意它所采用的是哪种宗教，只要它能得到及时的授权就够了。然而我们应该注意，超自然世界越是集中在独一神上，宇宙就越是被类比为国家，有一条长长的命令链在普通人的头顶垂直地升起，而每个人所受到的规训就越是严厉。在一个有着神授的或至少是"受膏的"神圣王权的成熟的国家社会中，宗教将首先被视为关于律法的问题。没有人拥有亚伯拉罕那样的富有牧羊人曾享有的那种自由。国家社会中的每个人都被或多或少地锁定在他在这一系统中的位置上，每个人都是他自己所属阶层的囚徒——即便国王和教皇也不例外。你也许会欣赏这一系统在宗教和艺术上的辉煌成就，以及歌颂这一切的宏伟的艺术作品，然而有谁真心愿意过这种被高度控制着的生活呢？即便你个人热诚地相信这个系统是神建立的,它仍然可能被突如其来的军事失败和政治垮台所篡改,对普通人而言,他的世界就这样崩溃会给他带来多大的创伤,这一点古埃及和美索不达米亚的文学作品可以证明——他也许是个文士,识文断字,但从此这能力再也没用了,真是令人绝望。①

在媒介宗教的成熟系统中,一种新型教职人员将身显名扬。他是博学多闻、知书识礼的人,他有时是但又并不总是一位祭司。他的所属阶层或等级的每一位成员都是可靠的仪式主持者,都具备一整套规范的宗教知识和礼仪技巧。他对宇宙论感兴趣,因为他帮助确定并发布宗教和民间的历法。(教皇和女王仍然拥有他们自己的天文学家和天文台。)此外,这些教职人员在解释神圣经

---

① E. g. Pritchard, ed. *Ancient Near-Eastern Texts Relating to the Old Testament*. 3rd ed. Princeton, NJ: Princeton University Press, 1969: pp. 455 ff., 611 ff.

典、发布和执行宗教律法方面有浓厚的兴趣。

我所描绘的这种宗教往往会随着时间的推移变得更为成文化（即，成为书面的）、精细化和程序化。神圣著作的数量变得越来越庞大——尤其在印度教和佛教中。教职人员的数量以及宗教建筑的规模以指数级增长。最终，媒介宗教系统本身成为目的，忘记它原本为了什么而存在。事实上，它主要的兴趣在于它自身的生存。起初，它对自我曾是有益的，因为它在更有序的世界中为我们提供了更稳定、更有序、更安定的生活。然而最终，生活为宗教律法所统治。伦理道德对大多数人而言不过意味着对你之上的伟大的那位的顺从、侍奉和赞美。

与此同时，旧型神职人员——富于魅力和想象力的独立萨满或先知——并未完全消亡。他——也可能是她——仍会偶尔以神秘的、有远见的世俗之人或诗人的面貌出现。这一类型在现代英语世界最受喜爱的

例子是古怪的艺术家、诗人威廉·布莱克
（William Blake，1757—1827）。在宗教中，
正如在其他地方那样，标准化通常被等同于
神志清醒，而个性则往往被等同于疯癫。布
莱克也不例外：我们把穿着制服的正统教士
看作神志清醒的，而把布莱克看作疯癫的，
但我们同样会为他不时闪现的顶级诗歌天
赋所着迷。他提示我们：宗教可以不是那么
的现成，相反，它可以为我们提供转变、美化
现实和我们自己的想象力。

　　在古代，早期国家社会中基于宇宙论的
宗教过度政治化、人员冗杂、失去理性、沉闷
压抑，对它的反抗从大约公元前 7 世纪开始
就变得非常重要。由此，我们新的宏大叙事
神学的第三幕随着那些在不同环境中可能
显现为圣贤、先知或哲学家的个人的兴起而
开始。

　　先来说一说圣贤，高质量的个人思辨思
维——语气常常是悲观、怀疑的——存在的
迹象可以追溯到中王国时代早期的埃及，起

初主要与政治的——因而同样是宗教的——不稳定时期相关联。我们所能接触到的文本必然来自知识分子——学者、文士——他们以一种能够保存下来的形式为我们留下了可供阅读的材料。在青铜时代晚期和铁器时代早期,圣贤及其智慧的主要作用方式是为国王提供忠告。在城邦战火频燃、激情炽烈的时期,国王需要冷静、理性、公正的顾问和行政官。因此,圣贤可能在担任顾问的同时还要负责办学,以便为公共事务训练年轻人。他的教诲会以格言、谚语以及对人类行为——其动机和后果——的犀利概括等形式传达。圣贤尤其需要灌输足够的自我知识和自我批评来预防他的学生在政治活动(应该理解为不仅包含国内事务的管理,也包含国家间关系的经营)中可能犯下的毁灭性错误。从许多方面看来,这种思维是我们所知的最早的批判性思维和世俗思维:特别要注意的是,这也许是一条在宗教禁欲主义兴起之前通向自我知识、自我克制和自我完善的道路。宗教历史很少受到来自"外部"——而且是纯粹的世俗思维方式——的深刻影响,而这恰恰是其罕见而又极其重要的案例。我这样是想说,不仅冷静的、守纪律的、公正无私的、严格律己的、自我克制的公务人员是后世的哲学家、科学家和其他批判性思想家的远古先驱,这种特殊的精神状态和思维方式对宗教自身也有重要价值。宗教史学家特雷弗·林(Trevor Ling)曾坚持认为,佛教灵性的最初发展及其在随后几个世纪中的运作都主要是在这样的背景下进行的。佛陀据说来自一个王室家庭,他教导人们如何通达一种超冷静、无挂碍、平和温顺的自我。早期佛教僧侣有时充当顾问和国师。因此才有阿育王,以及早得出人意料的佛教"体制"。

也许特雷弗·林是对的。在狭小而战火频燃的城邦世界中,自我毁灭的狂暴激情横行肆虐,圣贤大抵希望人们从中解脱出来,这一取向在佛陀那里达到顶峰。个体思想家的第二个群体是早期哲学家,他们批评的矛头主要指向城邦所发展出的在理智上十分荒谬的意识形态。每个城邦都认为,自己是世界的中心,自己的神是真神,自己的布局和圣所是仿照天上的原型所建,而自己的宗教律法是真正的宇宙法则。其结果是一种极端的宗教地方主义,或一种至今仍以民族国家主义之名为人所熟知的"实证主义"。在一个盛行贸易和旅行的时代,善于观察的思想家不禁会被各地的信仰和风俗所呈现出的非同一般的多样性所打动。每个独立城邦都是一口井,里面有几只认为自己的井就是全世界的井底之蛙。为摆脱这种思想,早期哲学家寻求建立一种世俗的、更为理性的自然哲学,一种崇拜宇宙秩序的宇宙性虔诚,以及一种至少可以说符合人类本性的温和的理性伦理道德。

早期知识分子的第三个群体是伦理一神教的尤其是以色列早期的先知。他们十分怀念旧的游牧生活方式的简单与自由,且就个人而言,他们与具有神赐能力的萨满和圣人有些类似,那些人曾是游牧时代的导师。他们对城邦生活的堕落及其在宗教上的总体不足——尤其是其神庙和市场——极为批判。他们认为契约被打破了——有趣的是,这是我们现代的政治家仍在使用的词。但他们这么说意味着什么,补救之法又是什么?

这个契约是使他们的祖先放弃旧的游牧生活方式以换取更繁荣、更受规则管制、更稳定的生活的协议,新生活将受到一位神的保护,而他将永久居于都城中心的固定圣所中。这个固定的神圣中心将制定历法、管理市场、发行货币、颁布法律。而协议就是,人们将由此获得文明的所有益处,但作为回报,他们必须排他地忠于他们的神并完全遵行他的律法。

现在,早期文明的意识形态建立得如此完善,以至于如果事情出了严重差错的话,那绝对不是神的错,无论如何都是你的错。

神——以及他的神职人员们，如果你愿意提及的话——非常善于指责他人以便推卸责任。如果敌军突袭并洗劫了你的城市，或是农业歉收，那一定是因为你不够守规矩。作为对每一个新危机的回应，该系统不得不变得更加严苛和残酷，直到先知们终于出来宣布必须制定一个崭新的契约，并将由上帝宣布其条款。

期盼已久的改革的主线是清晰的。[①] 在发展完全的社会中，上帝已变得更加崇高和集中，因此变得更加遥远。早期城邦的意识形态将现实建构为一座巨大的权力金字塔，上帝处在最顶层，而农夫皮尔斯（Piers Plowman）处在最底层，过着农奴的生活。事实上，古代国家通常是奴隶社会，或者至少是依赖各种形式的农奴制和抵债劳役的社会。对普通人而言，上帝已经消失在一堵由不带个人感情色彩的、具有严酷强制力的

---

① 《耶利米书》31：31－34；《以西结书》36：22－28，37：1－14；《约珥》2：28 以下，等等。

神圣律法所构成的高墙之后。有必要回归某种形式的宗教直观性。这反过来又需要民主化：上帝必须使自己离开中心，从天堂降下，把自己分散为灵进入每个人心中。而那正是宗教在狩猎—采集时代开始的地方。神圣世界始终在人们眼前。人们透过它来看世界，凭借它使生活世界变得有序和有意义。甚至北极和澳大利亚的沙漠都可以被视为并非荒芜的，而是充满了故事和精灵的，人们通过这些故事和精灵找到自己的道路，使自己的生活变得丰富、有价值。在宗教仪式中，人们进入一种出神状态，以便将全部注意力集中在超自然秩序上，那同样是人们自己的理想文化，人们始终内在于其中。

因此，对先知来说，上帝必须从天堂降下，使自己离开中心，把自己分散为灵进入每个人心中。当上帝和自我以这种方式变得同中心之时，人类就不会再受外部法典的支配。他们将拥有"血肉之心"，将会知道如何满怀激情、自发自愿地过上好的生活。他们将在宗教上成为不二的,他们的生活将焕然一新。

人们渴望已久的这个未来宗教国家最终会被称为"天国";但请注意,它显然意味着上帝将最终从外部的社会化建构的世界中消失。早期国家社会中旧的客观的上帝是宇宙级的绝对君主。政治学喜欢他,但宗教却觉得与他完全疏远了。这就是为什么与上帝合一的古老的神秘渴望同时也要求作为客观存在、作为他者的上帝消失。取而代之的是,上帝最终完全彻底内在化了。

第八章　律法的终结

拿撒勒的耶稣是加利利的一位四处云游的犹太教师和著名医生。他曾于公元30年左右在巴勒斯坦游历了几年。①

在没有重大分歧的前提下，关于耶稣所能说的差不多就这么多了，因为关于其生平的原始资料的数量非常多，质量又参差不齐，与宗教利益又有严重的牵涉。然而，大多数——几乎所有——学者都会同意，众多目击者中只有一位，即圣约翰，支持正统的

_____

① 关于本章的更多论述见我的《耶稣与哲学》（*Jesus and Philosophy*，London：SCM Press，2009）。

基督教观念,认为一个先在的神圣存在肉身
化为耶稣,并像人那样生活和死去。但人们
也一致同意,圣约翰的耶稣在其用词和教导
方面与马太、马可和路加的耶稣都完全不
同,因此约翰只好被弃置一旁。他的耶稣并
非历史上的耶稣,除非你坚持(奇怪地循环
的①)天主教教义,认为上帝保护教会免犯
教义错误,否则你必定得出这样的结论:历
史上的教会信仰是错误的。

那么,关于马太、马可、路加以及(有一
定资格的)多马的耶稣的教导可以说些什么
呢?似乎对大多数学者而言,耶稣并不曾声
称自己是犹太人的弥赛亚。他的核心教导
很简单:"天国"近了,或者已经到来。古代
先知的期盼实现了。神圣世界和人类生活

———————

① 上帝保护教会免犯教义错误本身是教会教
义的一部分。德里达曾就美国宪法的签署写过一
整本书,他指出,签署者在宪法被签署前并无签署
它的权力。这种循环性是所有伟大的创始性文件
所共有的——包括绝对无错的圣典。

世界最终结合成为一体。一个新时代已经开始，是时候开始以崭新的方式生活了。

两个世界之间的旧有鸿沟以及上帝和人类个体之间的旧有敌对关系结束了，其结果是一直以弥合天国中的上帝和尘世中的人类之间的鸿沟为要旨的媒介宗教如今变得多余。事实上，耶稣显然对其大部分内容，尤其是神殿、各种教职人员及律法，都持有十分批判的态度。

新局面的一个更为重要的结果是上帝已不再是一个客观存在。他已把自己掏空，转而进入人类的心灵中。上帝与人类自我不再是独立的两个事物；它们如今是同中心的了。随之而来的是，纯洁与不洁、善与恶之间的差别不再"他律地"强加于人类——也就是说，不再以一套神圣法典的形式向摩西显现而后令人们从传统中习得——而是完全取决于自主的人类心灵。生活得好不再是遵守规则的问题：相反，规则式的道德不曾产生也绝不可能产生耶稣想要看到的那种人。不，对耶稣而言——他在道德哲学上是一个情绪主义者和表现主义者——活得好意味着过太阳式的生活，发自内心，毫不作伪，以至你的表现性的生活倾泻为开放的、直接的、丰富的、肯定性的情感之流。耶稣在这里通过强调律法式的道德使人变得心胸狭窄来表达他的观点。我们总是斜觑着我们的邻人，一旦看到他们做的比我们认为他们应得的要好，就会感到愤愤不平。他吊诡而又精辟地坚称，除非你已准备好超越单纯的正义而行迷醉狂喜、过度慷慨之事，不然你就根本不是一个真正道德的人。

这一新教导的结果是耶稣在通俗意义上不再是一个笃信宗教的人。他没有任何关于罪与赎罪的教导，也没有为灵魂漫长而艰辛的自净成神之旅描绘任何行程表或路线图。与直到克尔凯郭尔（Kierkegaard）时代（及以后）的大多数基督徒不同，他不是一个"两栖动物"——即一只眼看着此世、另一只眼看着上帝所居的永恒世界的人。相反，耶稣的视野完全是世俗的、此世的。如果他多少是笃信宗教的话，那么也只是在他希望我们完全忘我地径直投身此时此地的意义上。

在这里，耶稣回顾了许多曾有过类似教导的其他老师。在他所处时代的希腊化文化中，已经有了关于神人（theios anēr）的既定观念，那意味着一个卓越的人，他不再背负宗教的轭，而是自由的、完全成年的，因为他已经完全占有了自己的宗教，如今得以自发地、无罪地、毫不费力地、完全肯定地践行出来。这有点类似于佛教中的菩萨，以及马克思主义中的新人和尼采所谓的超人。①卓越的人不带任何怨愤或反应性情感地生活：他完全是肯定性的。他不会怀揣任何怨

①　在亚洲宗教中，体型巨大的宇宙人的形象以及宇宙自身状如巨人的形象都很常见。甚至伊斯兰教也知道"完美的人"。这些神话主题证明以人类为终极取向的宗教思想处处存在。见 Don Cupitt, *The Nature of Man*, SCM Press, 1979，第二章。

恨或敌意。

　　耶稣的同时代人如何看待他的教导呢？有些人一定很喜欢它：不然他的记忆以及他的一些话根本不会传到我们这里。但对观福音书确实保存了大量尖锐的批评：他是个疯子，他与魔鬼勾结，他与恶人为伍，他对仪式的纯洁性与安息日的要求很松懈，他享受宴饮之乐。有人认为他完全是来废除律法的，认为他是一个将带领以色列走入歧途的"魔法师"或假先知，认为他是异教徒，甚至（最终）是一个完全的渎神者。

　　由于他的追随者不可能有任何动机来捏造这一系列指控，因此历史上很可能确有其事，而从我的观点来看这也是合乎情理的。耶稣毕竟宣告了这些人的世界的终结，在许多情况下甚至是他们的生计的终结。马太却试图荒谬地宣称耶稣完全支持摩西律法，①然而事实是，耶稣死后不久，早期犹

————

　　①　《马太福音》5:17—19。

太教会就决心不再将律法强加于异邦皈依者。教会因而处在这样的位置上：它既自称是新以色列，又自称已进入宗教媒介的旧系统终结后的新时代。后托拉时代的新宗教仍拥有大量犹太成员，在东方长达两三个世纪的时间里它仍广泛具有犹太特征，直到今天，埃塞俄比亚教会仍保留犹太律法的某些元素。但总体而言，事态的发展证实了我（诚然是有争议的）对耶稣的原始教导的描述。据他的追随者说，他曾教导，而他本人也正是，律法的终结：因而也是媒介宗教的整个时代的终结，以及一种新型人类的到来，在他们那里宗教已完成了它的历史使命。这种新人类、"最后的人"是完全统一的、完善的人类，他们以一种新的神/人方式生活，享有前所未有的自由。

基督教对耶稣的教导的反应也曾像犹太人早期的反应一样混杂。保守的新教徒通常认为"登山宝训"好归好，但就付诸实践而言太过高远，除非耶稣应许的王国最终到来。也许我们在天堂中会像那样行事,但在尘世,有罪的人性必须继续严守戒律,而资产阶级的基督徒会期待天国继续以强制力保护他的财产。天主教则没有那么仁慈:在14～17世纪之间常常兴起的关于"纯洁的爱"的辩论中,耶稣特有的关于爱的教导备受争议,而在天特会议上耶稣的观点(真正的爱完全超越且完全无视正义)则受到谴责,人们偏爱更具亚里士多德主义色彩的观点,即爱取决于并且需要正义。自爱与事功的观念被肯定了:例如,信徒可以爱上帝并期待因此得到天国的回报,这是完全正义的。信心可以完全正当地期待回报,并且会得到回报。这样一来,西方基督教的主流,从它自己的观点看来,将耶稣的教导谴责为异端是完全正当的,信徒转而被培养为相信他曾教导"你要爱你的邻人如同爱自己",尽管他曾毫无疑问地批判过这一观念。爱你的恩人是容易的,他说,但真正的考验在于你能否爱你的敌人。要做到这一点需要灵魂的真正伟大,并不憎恶或反击不义,而是超越它,无视它。真正高尚的人根本不允许他的灵魂为不满和怨恨所囚禁:相反,真正高尚的人甚至不会注意到对他犯下的错误。在这一点上,耶稣离尼采不远,像纳尔逊·曼德拉(Nelson Mandela)这样的人也许曾向他们学习——尽管我猜想他事实上也许是通过甘地(Gandhi)向耶稣学习的。值得注意的是,当尼采的仰慕者指向"危险地活着"这一格言之时,那些对耶稣最为赞赏的人会倾向于将他的观点总结为这样的格言——"慷慨地活着"。

耶稣的教导其实很少在基督徒中间流行。[你想到的是谁? 弗朗西斯(Francis),各式各样的神秘主义者和异教徒,少数重要的早期人道主义者……]然而他在印度教徒和佛教徒那里却更受欢迎,因为他们不曾被教会关于耶稣的超自然教义的庞大链条所困扰。时至今日,人们常常会对亚洲人能够迅速辨认出耶稣的道德观念的基本特点并表示热烈的赞赏感到惊讶。

总之,耶稣在加利利的道德教导大体——也许是最好地——保存于《Q 福音/路加福音》中(《Q 福音》即马太和路加常用的教学材料,在很多或大多数学者看来,它在路加的版本中得到了最佳的保存),它是我们的新宏大叙事神学的第四幕,故事的主要部分至此完结。故事情节完整了:一切都结合在一起,只剩下由语言构成的人类生活世界中无尽的、纯粹偶然的事物之流。只有人性,以及无常性那令人窒息的美;此外无他。在加利利之后,再也没有更高远或更伟大的现实供我们追寻。我们已经达到了顶峰、顶点。我并不知道耶稣是否曾经亲自到达那里,但我认为他看到了并向我们展示了顶点曾是以及如今是怎样的。

此后发生的事情——人类就我们可以成为什么的这一愿景所做的——将会是作为补充的第二个故事的主题,这个故事必须解释 20 世纪 80 年代以来何以会出现这样的总体衰退。它将把基督教的历史解释为相同的循环运动的重复,从天主教的精巧阐述开始,之后回到我们自己的时间中的直接性。现在,我们必须回顾迄今为止的旅程。在前人类时代,人类意识以及人类世界最初是如何从动荡、混乱、相当难以接近的动物生活的黑暗中产生的,我们由追问这一问题开始。答案是通用术语、词语、图腾和种类,它们在主体与世界之间的交界面上运行,前者对自己还一无所知,而后者尚是混乱的。词语——或是运动中的词汇——开始为事物分类,从而使世界变得可理解而使生活变得值得过。宗教开始于活的词语、会动的符号和通用术语,早期狩猎—采集者的世界正是因它们而变得有序。

想象一下,在最开始的时候你是经验的主体。语言在知觉的透明屏幕前穿行,塑造着世界,整理它的秩序,将它照亮。在这一过程中,通过一种我有时将之类比于月面地球反照的效应,知觉屏幕上提供秩序的、用以照亮的逻各斯（或词语）同样向后投射了一点光在你身上，由此你开始获得一些原始的自我观念。然而在屏幕前移动的唯一的词汇是那个在塑造和整理世界方面有效的词汇，由此产生了三个重要的结果：

（1）外部世界首先产生，自我排在第二位；

（2）我们在描述自我时只有借来的、比喻性的词汇可用，以及

（3）除了我们当前觉得能够归于世界的统一性之外，我们将无法把更多的统一性归于自我。

今天，随着现代西方科学的极大发展，我们已经能够为自己建造一个非常巨大且高度分化的世界。而我们对自己的描绘至今仍然不够发达和统一。但是第三项，即词语（逻各斯、语言）那令世界有序、为之充满能量的力量，又如何呢？我已论证了，它的历史在很长的时期内都与宗教史有效地重合。整个超自然世界事实上与文化相重合，

后者即运动中的语言。宗教是一种表现和肯定语言在创造我们的世界、创造我们以及引导我们的生活等方面的力量的方式。宗教给予了我们所有的规范性观念、理想和价值，我们通过它们为自己的生活确定方向并成为我们自己。

在宏大叙事的第二幕（参见第四章），我们简要地回顾了青铜时代的宗教在早期以宗教为基础的文明中最为充分的发展。宗教变得极其客观化，宇宙和居于其中的国家变成了由神圣力量和权威所统摄的伟大的等级系统。整个系统极为宏伟，极其诱惑，以至于我们至今仍部分地爱着它。然而，它所创造的社会都是奴隶社会，最终变得令人难以忍受。

在第三幕（参见第七章），我们开始讲述反抗宗教异化的长期斗争的故事，这个故事从个体——圣贤、哲学家和先知——的兴起开始。这些自由的个体寻求一种地方色彩较少、受权力支配较少且更为理性的宇宙论和伦理学。尤其是在先知的设想中,如果上帝自身离开他在天堂的宝座,放弃媒介宗教的整个系统,并将他的居所设在个体心中的话,那么铁器时代的宗教问题也许会得到解决。之后人类就可以自发地过上神圣的生活。他们将发自内心地这样做。

在第四幕即本章中,我们将耶稣在加利利的道德教导描绘为他以激进的方式宣告了先知的愿望的实现。在耶稣的道德教导中有许多不同的成分,我独独抓住的是"太阳式的"、表现性的、由光芒四射的意象所主导的那部分。燃烧,照亮,好好地表现! 还有很难从传统中消除的其他成分。有时耶稣似乎确实推崇一种"隐藏的内在性"或"内部化"的灵性,但这与他太阳式的表现主义很不协调,以至于我不得不将它弃置一旁。自我是转瞬即逝的:它燃烧,而后燃尽。一切都倾泻而出并流逝,而我们应当满足于做同样的事,在我们还拥有生活的时候,热爱生活。其他批评者则将矛头对准耶稣那些

似乎预言了上帝过早地、暴力地侵入历史的
各种言论（甚至在《Q福音》最早的版本中）。
我曾在其他地方试图为这些言论去神话化，
但如果这种回应失败了，那么我就不得不
说，如果（在某种程度上）照字面理解的话，
它们质量极差，且不具备知识性的吸引力，
以至于我在这里无视它们的正当性堪比物
理学家无视艾萨克·牛顿爵士的末日情结
的正当性，后者同样无趣。

　　因此，我继续坚持这一主题，即整个宗
教领域完全回归人类个体以及由此而来的
新的神圣人性的开始。就这种新人性而言，
耶稣是"头生子"，但他不过是众多中的头一
个。他不具有特殊的形而上学地位，因为这
里不存在形而上的秩序。

　　关于这点，请牢记我们在哲学上的整个
非实在论。没有现成的实在世界摆在那里、
完全独立于我们的语言而存在。只有世界
观以及对人类本性的理解在历史中的绵延，
它处于我们的语言连续不断的运动中。事

实上,世界历史与思想史相吻合——尽管这一理论最初由黑格尔所勾勒,但如今必须以一种彻底的语言形式来论述它。在这一框架内,我已提出了我的主要论点,它是且一直是这样的:我们穿过宗教思想的历史才慢慢从我们黑暗、混乱的背景中挣扎而出并成为我们自己。因此,在某种意义上,我们创造了上帝,而后上帝创造了我们,并通过死在我们之中完成了他的工作。宗教思考一直是一件费劲的事,但它却以某种方式为我们带来了一条很长的路。我们只是一群沉默的猿,却不知怎地能够做些奇怪的梦,这些梦将我们从动物生活的相对黑暗中提升出来,最终使我们现代人能够由衷地对我们的世界以及我们自己在其中的生活说一声阿门。

第九章 第二个循环

康德说过，人生有三大问题：我能知道什么？我应该做什么？我能期待什么？①尽管我们全然不了解耶稣是一个怎样的人，也不能说出他在多大程度上是他自己的教导的体现，但似乎在加利利的一段时期内，耶稣触碰到了顶端，达到了康德的三大问题都消失的境界。超自然的世界和人类的生活世界结合了，现在和未来结合了，一切都结合成为燃烧着的、倾泻而出的、伦理学上的当下。除了人对生活世界的视角以外什么

① *Critique of Pure Reason*，A808＝B836.

也没有。当下,所有的事情都是我们的事情,没有什么有权力或力量可以改变我们的评价。"什么也没有",你或许会说,"连死亡和虚无也不行?"不,即便是它们也不行。我们应当将人生的短暂体验为圣恩,将它令人心碎的美体验为荣耀。我们必须竭尽所能地慷慨生活,不带任何的怨恨与敌意。请注意,耶稣并没有将宗教与内省——即退回到一个人的内心中去关心自我的不朽灵魂——联系起来。不,不是这样的,因为对他来说宗教是外向的:它忘却了自我而向外表达,为生活和邻人燃烧爱。

一旦理解了耶稣的核心信息,我们便明白了对他而言一切如何开始循环,又如何回到它那在每日生活和日常语言中漂流着的起点,然后(正如维特根斯坦很好地解释过的)大问题也就消失了。①我们停止了要求任何形式的对宇宙的关注、认识、奖赏,甚至

---

① *Tractatus*, 6.5 — 6.521; *Philosophical Investigations* § § 123—129.

未来。眼下,所有这一切对我们而言已经足够。现在我们仅仅满足于肯定生活和爱,而不需要任何的补足或纠正。我们当然不希望看到其他任何人降卑。我们也不应考虑来世。

用现代的语言来说,上帝之国已经降临,并为那些选择它的人敞开。走进去吧!

耶稣信仰,正如我已经描述的那样,它的一个有趣但很少引起人们注意的特征是它并非无理性的。教会宗教,所谓的"信经"宗教,它们的一个非常显著的特征就是,它们要求每一位信徒去持有许多的信念,但这些信念并没有充足的证据,很多甚至显然是不正确的。但耶稣信仰仅仅是对道德决心的呼吁。它要求我们将自身全心全意地交托给为生活和同伴而燃烧着的爱。它也告诉我们要不顾焦虑、迫害和类似的东西。但用行话来说,它是"非认知的"。实际上它完全不要求我们去持有任何的超自然信念。它也确实不为我们提供这样的承诺,即在此世对当局的服从可以换取另一个世界的死后生活。必然有一些人,他们对真实——或者至少假得不那么明显——的宗教感兴趣。

那么是哪里出错了呢?尼采说历史上只有一个基督徒,他在十字架上死去了;在我看来,这意味着耶稣可怕而悲惨的死亡造成了勇气的丢失。伦理愿景的充分性很快被遗忘了。相反,一小群存活的人将他们的注意力集中在尝试理解那些已经发生了的事情的宗教意义上。为了指引方向,他们找到了希伯来经文和其他由他们自己的文化提供的相关材料,他们产生了关于主耶稣箴言的自己独有的传统,还有一些已经消失了的关于他的回忆。他们的一些讨论在福音书里复杂的耶稣受难叙事中保留下来。这些故事并不是历史性的;它们是关于他们认为必然已经发生之事的讨论的记载。不是曾经发生过的,而显然是必然已经发生的。

在主后 40 年,他们渐渐相信耶稣之死并不是他最终的消失。不,他已经被高举到天上，作为指定的弥赛亚在那儿等待着。很快他便会在荣光中回归，在世上建立他的永恒王国。这一期望在之后的几十年中仍然强烈。

同时，这一团体需要有组织地且警惕地继续生存以等待他的回归。它需要领袖，实际上在所有早期教义争论中的紧要关头，最主要的关注点在领导权——可能在雅各、彼得和（之后）新来的保罗之间展开竞争。

这一新兴领袖（全都是男性：抹大拉的马利亚甚至都没有被考虑进去，虽然她被普遍认为是第一见证人）从被证实的耶稣那儿取得权力。他们声称被主耶稣委任以亲眼见证他的复活；之后又进一步声称，他们作为老师教导真实信仰的特殊权力通过他们在位的继承者传承了下去。

因此在主后 50 年左右，教会已经表现为跨民族的，正如一个社会团体或是一个新的教义宗教、"道路"，或者，正如它最终被称为"基督教"。①青铜时代古老的宇宙论,加上了那在上的天国以及从你的头顶一直上升到至高天堂的长长的命令链条——所有这些卷土重来。人们专注的中心已经转移,从满足到谨慎期待,从耶稣的教导到他本人——尤其注重他在宇宙等级中的崇高地位。更为重要的是,门徒已经完全抓住了对教会的支配权。他们共同或是单独决定了真实的教义。基督教是教士们权力斗争的产物,而且这仍是它的主要兴趣。耶稣,远远领先于他所处的时代,他希望他的聆听者可以在新的世界中选择一种新的神/人生活。然后在他死后的20年中,他却为青铜时代旧式宗教的复兴奠定了基础——那是一个关于精神力量的宗教,今天我们中的大

---

① "基督教"一词在中世纪晚期时可被用来表示"虔诚",或一种特殊的灵性。表明某一特定的宗教这一用法与启蒙运动有关,当时主要的宗教传统开始以此种方式命名——作为"信条"。参见 Wilfred Cantwell Smith, *The Meaning and End of Religion*, London:SPCK, 1978, pp. 73—79。

多数仍无法摆脱。只要我们能选择他，耶稣曾允诺过的终极完满，那个顶峰，就在当下。然而"原始天主教"（Ur-Catholicism），这一新的宗教，将永恒幸福推迟到遥远的未来——这对多数人而言意味着虚构的死后天国。同时，你必须像奴隶一样生活，低下你的头颅，努力工作，相信那些让你去信仰的，遵守教会的法律，否则就会受到非常严厉的惩罚。

　　用了350年左右的时间，这整个体系才发展完全。在第一代时，总人数一直非常少。在第二个世纪，我们开始听到新约正典的地方（当然还不是通用的）版本，还有地方的洗礼信条和地方的礼拜仪式。在第三世纪的早期还有更多的惩戒纪律出现。但为了发展、接受甚至执行标准教规形式而产生的斗争直到第四个世纪才开始大行其道。在这一时期内，受洗是一件相当恐怖的事情，因为圣事将你的生命置于一个带有迫害性的教会的司法权威之下，它很可能以异端的罪名将你烧死,这大约从公元 400 年持续到了公元 1700 年左右。

在我归于原初的耶稣的教导和在其后宣称是由他建立并任命的成熟宗教体系之间存在着一条巨大的鸿沟。耶稣曾说过,至善,生命的最终目的,是当下全身心的太阳式的生活和太阳式的爱。而我们所拥有的,不论是在天国还是尘世,却是绝对的君主制度和绝对的农奴身份。我们所拥有的是地主的宗教,一种认为整个宇宙像军队那样组织起来的关于法律和权力的意识形态,其命令链条从你的头顶直升到一切的原动力或第一因那里。

为什么这一差异在人们看来一点也不明显?我认为是因为历史上从未有过纯正的原始基督教阶段。相反,朝向早期天主教的发展从耶稣死后所谓的"隧道期"就立即开始了。天主教中超自然主义的世界观和历史哲学已经通过第一次使用"基督"这一头衔和耶稣升上天堂这一信仰的逐渐显现而预设了;而且,天主教在教士权能和委任资格上的专注已经在雅各、彼得和保罗之间的领导权争夺上显现出来了。谁第一个到了空墓穴,谁是主耶稣亲自委派的,谁是教会最受认可的教师和支配人?这似乎没什么好惊讶的,即在新约中多数人的意见是彼得,就是彼得。

不仅如此,存在于耶稣原本的面貌和在教会中受篡改的耶稣形象之间的冲突已经深深嵌入了我们最好的文本中,这使得在任何时候人们要想听到耶稣自己的声音都变得非常困难。

举例来说,"登山宝训"的核心,长久以来都被大多数新约读者视为耶稣教导的重要来源,而在《马太福音》5章11节到6章34节的大段文字中可以看到两种形象如何交织在一起。

首先,用荧光笔标识出那些表现守旧的宗教形象的段落,他们将严格解释宗教律法的价值以及对秘密行善和隐蔽灵性的虔诚视为理所当然,后者追求并希冀死后来自天上的赏赐。这种相当秘密以及压抑的信仰在 5 章 17～33 节和 6 章 1～20 节、24 节中可以找到。

接着,用一支不同颜色的记号笔标记出那些表现了一种完全不同的,几乎像是存在主义的、完全开放内心且免于焦虑和算计的伦理道德的段落。5 章 13～16 节、38～48 节和 6 章 25～34 节教导了这种尽力表现最好的非常外在性的宗教。

二者间的差别令人吃惊。在这两组叙述中我们发现了两种完全不同的、甚至是相反的宗教人格。我认为这足以表明我们需要对我们目前已有的原始资料作更多精细的神学上的甚至是哲学上的分析。将近两个世纪以来《圣经》批判学的主流完全是历史学的、文献考证的、还有文学上的;坦白地说,他们几乎或根本没有对公众产生宗教影响,因为他们完全忽略了文本中最重要的东西。

现在我们明白了,我们的宏大叙事的主要部分为什么必须伴随着耶稣在加利利的讲道,而在它曾经完结的地方完结。这是至高,是绝对的至高。尝试它:它便是你的了。这之后,在很多方面就没什么可说的了。至于那从巴门尼德(Parmenides)持续到黑格尔(从公元前 500 年到公元 1800 年)的对绝对知识的向往,我们应该忘了它。即使是教会基督教都建立了这样的认识,即六翼天使居于智天使之上,所以爱高于知识。所以即使是教会基督教也有一些对的地方。然而它几乎立即堕落为原始天主教又意味着什么呢?这看起来像是我们正在开始第二个大循环。在宏大叙事的第一章到第四章中,第一个大循环将我们从人类早期的原始直接性那里带入了青铜时代最大限度的宗教等级化和客观化,接着凭借具有批判性的人(圣人、哲学家和先知)又回到了耶稣关于我们如何以复得的直接性将自身与生活连结起来的洞见中。如今我们似乎是重新出发了,回归了青铜时代,回归了无论在天上还是地上都是金字塔式的神圣权柄,回归了智性的压抑和沉重而遥遥无期的拯救。它在《一圣通谕》(1300)中达到了顶峰,它赋予了教皇——或者说,是教皇为自己夺得了——几乎是与上帝一样广泛的裁判权。于是,在商人阶层和其他受教育的市民中,我们开始看到第一波抗议的浪潮和教会衰亡的开始。个人主义、批判性思维、对解放的渴望——所有这些都回归了。

　　这里的双重循环极其有趣。请注意,它解释了为何西方曾有两次启蒙运动。此外,很多思想家也已经注意到了这样的想法,即西方思想史是在一个巨大的循环中开展的,先是到达最大程度的客观化,接着又回归到比起点更高更强的版本中——正如 G. K. 切斯特顿(G. K. Chesterton)笔下的那个男人,他环绕世界航行,来到一个神奇的地方,与一位公主相爱,最后发现他回到了自己的妻子身边。

例如,维特根斯坦认为哲学从苏格拉底在集市上假装无知质问自作聪明的年轻人起就在日常中产生了。渐渐地,在唯理论者的形而上学中,哲学进入了最高程度的客观化,也似乎可以允诺达到绝对知识。接着,最终在20世纪,哲学回归到了日常的语言和生活中。它很高兴能回来。

尼采也有一个循环式的故事。经过了几千年,原始人类的信心逐渐成长,渐渐相信他们可以理解自己以及周边环境。最终,在公元前2000年左右,像是亚伯拉罕和奥德修斯这样的人物相信他们可以依靠自己的才智来生存——如此自信,甚至相信他们可以轻而易举地胜过他们的神。他们真的已经准备好了要成为自由的、完全成年的、具有批判意识的现代人了吗?

然而事实并非如此。很不幸,人类陷入了奴役。强大的纪律组织像是政府、军队,还有教会,掌握着权力并且将我们束缚了3000年。只有现在当批判性思维带来了上

帝之死,我们才回到了亚伯拉罕和奥德修斯
到达过的地方,并准备好了前进。①

　　在宗教历史和哲学研究的冷门领域还
有很多这样的故事。而本文所讲述的故事,
它与众不同的地方在于它的轮子转动了两
次,主要的堕落事件在半路就发生了。在这
主要的宏大叙事中,我们听到了一个由四个
阶段或四幕组成的异常简洁的故事,故事
如下:

　　一、原始的直接性,打猎、图腾和萨
满教。

　　二、农业革命:早期国家社会中的
宗教。神圣的君主制度,法治的宇宙。

　　三、自由的个体道德家、哲学家和
先知的兴起。

---

　　①　这里毕加索很好地图解了尼采的思想,因
为他对于一个传统的地中海人——甚至是荷马时
期的——和一个坚定的现代主义者都非常清楚。
他似乎是想跨越两者之间若干个世纪。

四、耶稣在加利利。此时此地，至善是可以达到的，不是通过知识而是通过自由的道德抉择。

这即是，或者说这应该就是故事的结尾。人们也许会这样认为。但在基督纪元中，轮子再一次转动，如下：

第二个循环

一、耶稣的遗产。堕落，重返两个世界的二元论和宗教律法对生活的统治。

二、基督教世界。从君士坦丁到罗曼洛夫家族的基督教帝国。

三、批判性思维和现代人文主义的兴起。康德之后它逐步取得胜利，体现在自由民主的社会、科学方法和人道主义的伦理中。

四、彻底的祛魅和教会基督教的急速衰弱，对耶稣的重新发现，如今正在进行。

我用斜体打出这整个第二个循环，以此来表明它不过是第一个循环的影子或是附和。它重现了宏大叙事的整个事件，或许主要是因为第一个故事太大了以至于在第一个循环中它无法被吸收。因此这整个循环在基督教历史中得以复现。继尼采之后，普通人关于事情为何会这样的看法也许是耶稣太年轻了，过于热烈地理想化了，也太超前于他自己的时代了。他的突然死亡让他的小团队迷茫，并失去了领袖。然而在任何宗教团体中，领导真空会不可避免地对那些有权力欲望的中年男人产生无法抗拒的诱惑。他们成功地掌握了权力：他们确实做到了，并且仍然掌握着。在这一过程中，他们将还是婴儿期的信仰融入到了古老的青铜时代的宗教复兴中去。为了使他们的信仰看上去更加理性，从而在希腊人中更有销路，他们用哲学加强它的理性，保持它坚固

的一神论。在公元 4 世纪被罗马采纳后，教
会的信仰成为了一种有效且持久的政治意
识形态，而在奥地利、德国和俄罗斯，这种意
识形态更是完好无损地存活到了第一次世
界大战。与这非常相似的伊斯兰教版本也
在伊斯坦布尔存活直到同一时期，并且仍然
有大量的年轻穆斯林，他们渴望看到伊斯兰
王权的重建。有意思的是，他们喜欢生活在
宗教法规之下，并且看上去似乎并不会想象
一个没有它的时代——或许除了在乐园（天
堂）。

　　伊斯兰教看起来似乎仍是最纯粹的有
神论形式。基督教却大相径庭，它说：你可
以选择一个不同的世界。它是（或者说它正
成为）一种具有虚无主义特点的人文主义。

第十章　完成第二个循环

　　基督教保守人士试图将西方教会最辉煌、最强大的时期理想化。他们认为教会愈大，基督教也会做得愈好。他们错了，因为外化的、复杂的宗教往往也是高度惩戒性的。农业文明总是热衷于律法和秩序。劳作者必须接受一种时间、空间以及他自身的劳动均被仔细调控好了的设置。宇宙被看成是它所授权的国家的一个较大的版本，而二者都是君主制的。太阳神通常统治着宇宙，法老或印加（Inca）则是他在地上的代表。上帝是老天爷，而在地上沙皇是全俄的"小爷"。真主和哈里发（他在阿拉伯的代理人），天和中国的皇帝，宇宙的基督和基督教的罗马皇帝……这一体系是如此的坚固，以至于它能选择几乎任何的宗教体制为其所用。每一座圣城中的君主均声称自己与至上的存在有着独特的连结方式。社会的秩序也总是遵循着已知的自然秩序。

至少在广义上说，这一体系始终是反智的。它需要的是奉承、赞同和依从，而不是被他们称为异端的自由思考。因而在拉丁欧洲，当基督教世界渐渐成形时，古代哲学和文明等伟大的传统在之后的一千年里渐近消亡，信徒们慢慢陷于无知。有一段时间，君主们也曾是无知的。

当时人们所创造的艺术之辉煌往往被认为是重视并研究这一世界宗教的中世纪阶段的重要原因。一些人甚至认为由艺术的卓越似乎能推知拉丁基督教神学的正确性。错了！教会的建筑、绘画以及音乐之所以如此辉煌，更多的是因为艺术是人们拥有创造性宗教表达的真正自由的唯一领地。

一个极端的例子发生在俄国,沙皇弗拉基米尔(Vladimir)于 988 年在基辅接受了来自拜占庭的东正教。他实际上毫无改变地、现成地将一个复杂的宗教体系引了进来。俄国人发现他们自身只有在建筑、音乐、圣像画和(在某种程度上)个人虔敬这些领域有贡献空间,他们也如此做了。但在理智上,教会曾是且依然是沉闷的。19 世纪时欧洲启蒙精神和德国浪漫主义、唯心主义的降临最终使得俄国人开始觉醒,许多世俗的宗教思想也逐渐发展,然而神职人员却始终坚持守旧,《俄罗斯正教会期刊》至今也仅仅只出版历史上的神学理论。根据正统的标准,教会的发展到 787 年便已完成,于是神学理论的创新也停滞了,并且永远不再需要。至于俄国的正统艺术,它在很早以前便已笼罩于一种悲伤、渴望、眷恋而又濒死的氛围中,自 18 世纪起它逐渐沦为一种伤感的庸俗作品。今日,这就是"遗产"——这意味着死亡。它是死的,就是死的。

一旦我们理解了这一事例，便可以发现西方的情况并没有多大的不同，实际上西方基督教教会正迅速地走上与东方相同的道路——失去它曾经有的任何理智部分，变得僵化、感性以致粗鄙。在大卫·弗里德利希·施特劳斯（David Friedrich Strauss）和鲁道夫·布尔特曼（Rudolf Bultmann）之间的学院派神学虽为变得具有批判性而作了些许尝试，但是教会明确表示他们永远不会与批判性思维协调一致，所以现在的神学大部分仅仅是过去的，完全没有改变。在新教改革时期，神学作为一门受人热切关注并且极具重要性的学科大体上持续了一个半世纪，期间也产生了一些活跃的新宗派和运动；但如今的新教已经完全失去了它曾有的思想的多样性和生命力，取而代之的是，每一个残留下来的宗派都受控于同样枯燥的、通用的、在它之下没有任何有价值的宗教作品的保守的福音主义。

目前，基督教内只有两个传统尤有余

力,即罗马天主教和福音派的新教。但二者
如今没有一个可以容忍批判性思维,甚至艺
术,所以两者皆在智性上衰弱了。在 1 世纪
和 2 世纪,基督教教会仍然始终与远古的青
铜时代的宗教残余并肩:神殿依旧伫立,祭
司多少也起着点作用,但他们俨然已成为笑
话。他们为一些重大的葬礼和其他的国家
庆典提供些许装饰,但这就是我们能说出的
全部了。至于神学教员,至少从弗朗茨·奥
韦尔贝克(Franz Overbeck,1837—1905)起,
具有怀疑精神的神学家已经成为西方大学
的一大特色。20 世纪 60 年代的"激进神
学"时期他总被认为是一个思想混乱的人
物,甚至像后来顽抗的无信仰者凡·哈维
(Van Harvey);但总算后教会的神学家如今
已十分普遍,在将来他们无疑会成为标杆。

　　所有这些都表明我们已彻底处于宏大
叙事的第二个循环的第三幕了,在此阶段中
的超凡者——哲学家、先知——都会批判当
前的宗教状况。无论是青铜时代还是晚近

的中世纪都是宗教在它最庞大、最辉煌、最外化的时期。它联系了国家与宇宙,礼拜年与耕作年。它使社会秩序行之有效,它为劳动者辛劳的生活增添了活力与美好。它的古迹,它的音乐,它的艺术,它的仪式,它专业的教士,所有这些都非常显赫。然而以智者的眼光看,它十分沉闷。它就像一本关乎宇宙真理又毫无改变的冗长小说,行将消逝。尽管它使上帝和国王各司其职,祭司和贵族也是如此,但这整个体系却如此传统:它似乎总是试图去压制新的知识和社会变革,它疯狂迫害那些试图避开宗教媒介机构、寻找通往天堂之近路的神秘主义者,还有那些想要改造世界和社会秩序的社会空想家们。所以从 14 世纪起,欧洲的先知、神秘主义者以及晚近的哲学家、诗人、作家,都成为了反叛者,他们缓慢地将基督教教会推回过去。批判性思维,基于科学的工业,急速的社会变化,都使得教会受困于一个它不再理解的世界里。

在近代欧洲,我们可以从法国大革命和浪漫主义时期,还有在康德、黑格尔、青年黑格尔派(尤其是斯特劳斯和费尔巴哈)和克尔凯郭尔那里看到远离正统、远离教会、开始创新这样一种好的宗教思想。更近一点,当我们进入 20 世纪,我们便发现那些重要而有趣的宗教思想家不再是教会导向的神职人员和大学神学院的人员。他们更可能是困惑的平信徒、宗教存在主义者,其国家和时代的代表人物:像乌纳穆诺(Unamuno)、陀思妥耶夫斯基(Dostoyevsky)、西蒙·薇依(Simon Weil)、卡赞特扎吉斯(Kazantzakis)等人。美国的不可知论者和具有怀疑精神的信徒大致包括华莱士·斯蒂文斯(Wallace Stevens)和约翰·厄普戴克(John Updike)。有趣的是,如今伊斯兰教中也出现了类似的人物:马哈福兹(Mahfouz)、萨义德(Said)、帕慕克(Pamuk),抑或鲁西迪(Rushdie)? 在犹太教中也有一两个这样的人物,像卡夫卡(Kafka)和列维纳斯(Levines)。此外,值得一提的还有那些具有宗教气质的现代最伟大的哲学家：海德格尔、维特根斯坦和德里达。

贯穿整个 20 世纪，人们遭遇不同的思潮，不仅有信仰的危机，还有虚无主义、西方的衰弱以及临近的灾难。从尼采到奥斯瓦尔德·斯宾格勒（Oswald Spengler），再到鲍德里亚（Baudrillard）：新基督究竟在哪里？

众所周知，尼采写了《查拉图斯特拉如是说》以取代新约《圣经》，也严肃地怀疑他自己是否就是新基督。在哲学上，他似乎是对的。但在价值观上他似乎并不正确。他似乎在对怜悯的轻视以及在对斗争、奋斗、自律和英雄气概的赞美上有点过于社会达尔文主义了。可能他是新的施洗者，可能并不需要新耶稣。或许回归原初，最终重新发现才是最好的。

第十一章　宗教思想与人类的形成

　　尽管希伯来《圣经》使用了一些久远的文献资料,但近来它越来越被认为是一部较晚期的作品,仅在基督之前大约三个世纪左右才编撰至目前的样子。①如果它真具有历史性,我们便会有诸如大卫和所罗门这些伟大君王的硬币,但我们没有;如果犹太教是一个古老的宗教,那么会有更多关于耶和华

----

　　① Thomas L. Thompson, *The Bible in History: How Writers Create a Past*, London: Jonathan Cape, 1999.

崇拜的考古学上的证据，至少也会有源于神名的考古证据，正如在我们的社会中很多穆斯林有着明显表明他们的宗教信仰的名字。然而关于古老的耶和华崇拜的早期迹象（在公元前 300 年之前）十分稀少，甚至完全匮乏，即便保守派学者也日益倾向于认为，比起《盎格鲁撒克逊编年史》，希伯来《圣经》更像是托马斯·马洛礼（Thomas Malory）的《亚瑟王之死》。希伯来《圣经》并不是一份关于历史事件的记录，而是一个关于想象的过去的国家神话和带有训诫性的史诗，在距离它旨在叙述的故事好几个世纪乃至千年之后才写成的。坦白说，过去只是人自己的创造。

　　考虑到《圣经》有着这样的特征，那么在《创世记》中古老的以色列人将自己民族的神投射在人类存在的开端，甚至投射到从最初的混沌中而来的创世，就显得不足为奇了。尽管迟至 20 世纪仍有少数人为"原始一神教"的观念辩护，今天，没有学者认为一神论宗教可以追溯到旧石器时代。如今我们考察洞穴绘画和早期狩猎者的生活方式，推断宗教最原始的形式无疑是萨满教，尤其是跟人与动物的关系相关。在我这崭新的宏大叙事中，我建议，为了达到目标，我们应相应地放宽"神"这一词的用法，以使其囊括那些在之后逐渐浓缩统一成标准一神论的、关于超自然领域的复杂的早期图景。在美国，至少从历史角度看，神自身就是合众为一。希伯来《圣经》也保留了一些神圣的名称，其中的一个——伊罗欣（Elohim）——是复数名词。

　　叙述至此，我们仍无法否认希伯来《圣经》是一本非常值得注意的书。我几乎找不到像它这般紧紧抓住我想象力的书。为什么？近来一些人认为它最大的魅力来自于它归于上帝的个性——一个庞大、苛刻、易怒又反复无常、无法逃避、仅有一丁点自我意识的男孩；正如上帝所化身的单纯、爱支配人又难相处的原始男性特征。俗话说，言之有理,但是这一说法把所有的重点都放在了上帝对人类的要求以及人们认为他所拥有的那种骄横的性格上。[①]对我来说,更为重要和优先的话题是上帝始终引领人们并在一切事情上冲在前面的方式。他就像一个侦察员或先锋冲在最前面,解决每一个问题,好让我们可以跟随着他,占领他为我们开辟的土地。上帝向我们展示了如何成为一个拥有世界并在其中可以有所作为的自我。

因此,是上帝最初发现自己面临完全的混沌与黑暗。[②]他还没有得到世界,因而他也还没有得到自我或主观性。俗话说,他还蒙在鼓里。他是如何采取行动和成为某物的呢?他通过一种富有表现力的自由的创

[①] 美国作家 Jack Miles 和 Harold Bloom 是在这一点上引起最多注意的人。

[②] 促使我以这种方式思考《创世记》的创造叙事的是 Eve Tavor Bannett. *Structuralism and the Logic of Dissent*. London and New York:Macmillan,1989。

造行为来冲破自我,将这片黑暗分割成许多宇宙区域。他必须将像泡沫般运动不止的混沌分成许多一般的种类,每一个都有自己的名字。他必须描绘出一个世界,他必须用语言来构成这一世界。于是,他的第一次大声疾呼,Fiat lux(要有光!)这不仅是一个语言表达、一个单字句,同时也是照亮无尽而又潮湿的荒地的一道闪电。上帝最初的话语便是以这种方式划分了光明与黑暗,语言和非语言,也开始让他意识到自我是一个拥有世界的主体,一个他说出的话使得处于前语言意识中的混沌与黑暗变得美好的言说者。

请注意,到目前为止,这黑暗的、非语言的、混沌潮湿的荒地,即全然的他者,还没有被完全征服。它在它该有的位置上被控制着,但绝不是死的。上帝还有更多的话要说,在还有更多的话要说的地方没有什么是完全确定的。

当上帝继续言说时,宇宙开始被划分成

不同的区域,被建构在时空之中,被赋予各种各样的生命。它变得明亮了,也更加集中。上帝更加清楚地认识到自己拥有一个统一整齐、呈现在眼前的世界,它像一个剧场,作为发言人和代理人,上帝可以为达成某个目的而进行各种表演。如今上帝有了一个舞台。

接下来呢?上帝以自己的形象创造了两性,男性和女性,他们像他那样说话。人是上帝有限的相似物和代理人,上帝的目的通过人得以实现。男人和女人被赋予了生殖力,因而他们可以为自己繁衍子孙后代乃至一个社会性的世界。上帝更进一步地将自己的权力委派给他们,让他们统治动植物王国。从另一个角度看这一创世神话,上帝给予男人以命名动物的工作远在创造女人之前。毕竟男人才是狩猎者。他也确实需要控制动物的能力。

目前为止,上帝在这整个故事中表明,他所做的一切都是为了教化我们,并怀着将世界移交给我们的目的。从上帝这里，我们将要学会我们自身、我们中的每一个人如何去寻找力量与勇气以面对原始经验中充斥着的像泡沫般的混沌，并且学会言说。我们必须仅仅通过人类的对话寻找安置、划分、整理、阐明、统一乃至占有我们世界的勇气；当我们如此做时，我们才渐渐成为自身，成为拥有世界的存在者，在其中我们至少可以开始管理和控制，可以为了达成目标而奋斗。

让我们回到那几万年前如泡沫般的黑暗混沌中，一切在那里开始。在我们存在的那个阶段，我们几乎意识不到自己是主体。再次闭上你的眼睛，花点时间再想一想。这混沌是如此地缺乏形式，以至于我无法意识到复杂的自我。从世界那里也没有反射出足够的背光来照亮自我。我甚至无法意识到作为主体的自我。唯一能说的就是"对无特色的、闪闪发光的黑暗有所意识"。那意识是非常少的。

这一进程如何发展？我们先前注意到

在那泡沫的前面,或许有些黄绿色的漂浮的
形状,以及你不久前正看着的窗户或灯泡的
后像。至少可以说那些有规律的形状可能
漂过或悬浮在混沌前面。当然也有一些瞬
间,混沌确实会变得更加专注。这场景稍稍
亮起来一些:我们在取火、狩猎、社会训练和
性方面有了些专注。无论如何,这些片段还没
有完全紧密联合以建立一个连续的、有自我意
识的主体:但他们已开始具有意识和社交性。

当我们突然听到警告或命令的尖锐呼
喊时,我们更加强烈地感受到闪电般刺入的
光——我们至今仍然觉得很生动。这里有
些许夸大。我们被卷入剧烈的意识中,时间
开始慢下来了。你是否曾经注意过我们总
是将创造主的第一次发声看成是这样的尖
锐呼喊。它是使人兴奋的命令的呼号,人因
为它而极度震惊。这便是我们对于语言的
开端和力量的感受。卢克莱修(对罗马人来
说,他是非常尖锐的)非常清楚这一点。

语言的兴起还有其他一些因素。例如,

旨在协调劳动号子、实现远距离交流、进入出神状态和激发男人的战斗士气所使用的旋律和其他音乐编排。音乐作为语言的一种形式应用于社会实际上也是极早的,并且至今仍一如既往地活跃:听听号角、管乐、鼓或者风琴吧。同样重要的是使得婴儿语言发展的牙牙学语。人们或许会认为各种交际性的声音先于并渐渐导致我们高度发展的所有自然语言的运用。或许我们还应该有所补充,因为这种语言的初期形式在今天仍然被使用,一系列的手势、信号和"身体语言"仍然到处存在,尤其在那些必须静默地交流的狩猎者和军人中。

所以我们应认识到,语言经过了很长一段时间的缓慢且连续的发展。当它发展时,首先,它产生出一个愈加明亮统一的世界,其次,当我们开始群聚时,它也产生出一个愈加明亮统一的主观意识。

然而,我们关于自己的知识发展得相当缓慢且困难。甚至在得到关于自身的诸多看法以前，我们业已迅速发展了关于另一既古老又时新的领域的观念。符号的世界，或者说是语言的世界，悬于慢慢浮现的有意识的人类自我和泛着泡沫的原始经验的黑暗即白噪声（或康德所谓的"感性杂多"）之间。在我们眼前浮动的银幕上，流动着词汇、符号、形状、图案，通过它们我们便能看到泡沫般的黑暗，进而能够用它制出一个世界。悬在我们眼前并帮助我们解释经验的最重要也最古老的符号是像"熊！"或者"羚羊！"这样的一般术语或种类。早期的人类将这些普遍的符号摆在眼前并将注意力牢牢地集中在上面，以至于当他们一起外出狩猎时，相关猎物一出现，他们便可以很快锁定，共同以合适的方式作出反应，这对他们的生存至关重要。我们新的宏大叙事始于这样的观念，即宗教最初是我们生存的必需。最早的人类拥有很大的大脑，但却不知道拿它做什么。他们需要关于他们环境的最重要的特征的有力的普遍符号，他们需要一种严厉且重复的训练,好让他们共同的注意力集中在这些符号上。如此,盘旋在思维和原始经验之间的符号或象征世界即是宗教的世界。宗教让我们意识到它。有了它我们才能建立一个世界并生存下来。它也帮助我们理解它自身——最终,理解我们自身。

这总是盘旋在我眼前、帮助我理解所有事情的世界,这神秘莫测、难以领悟的世界——它是怎么回事?我们该如何称呼它?哲学家柏拉图说,这是个可理解的理念世界。不,它只是一个观念世界,亚里士多德如是说。相反,中世纪的唯名论者说,它们不过是词而已。康德说,这是先验,他创造了一种非常聪明的办法去解释它。而黑格尔说,这是绝对精神的世界。在涂尔干之后的人类学家说,这是我们的理想文化世界。维特根斯坦说,这是语言的世界。现代法国哲学家说,这是个流变的符号世界。而如今的普通人会说,这是我的文化,这是我的传统,这是我的身份。

无论如何,哲学家们已经提出了各种难以理解的术语并且相当彻底地将这一问题搞浑了。更糟糕的在后面。宗教如何看待这同一个世界呢?

这是梦,充斥着虚幻的存在物,澳大利亚人(指土著居民)说。这是一个精灵世界,萨满们通过它在出神状态里魂游,因纽特人说。这是一个关于神话般的过去的古老而又超自然的世界:"曾几何时"。这是死者的居所,是阴间:难道你从未注意过,死者是如何以某种方式在你的头脑中被加冕,并总是在哪儿慈爱地俯看着你?他们依然在看着你,传递他们的智慧,确保你对传统忠诚如一。另一些人却说,不,倒不如说与你毗邻的不可见世界是天国世界,处处是天使;或者说它是神圣心灵,包含了所有普遍的神圣理念,包含了上帝创造一切时摆在他心中的范式。这圣灵联系着上帝的心灵和你的心灵,启示于你,并领你进入一切真理。一切领悟和真理取决于人类心灵对永恒的神圣心灵的参与——基督教柏拉图主义者大概会这样说。是的,柏拉图主义者认为悬于你的心灵和混沌之间的那套观念与上帝心中的那套观念非常相似。你几乎就是从这个特大号模子里印出来的。

现在更多问题来了:在这个我们通过它看见一切的看不见的世界中,充斥着的对象或者存在物是什么?

宗教说它们是图腾,是祖先世代传下来的动物精灵,是长有兽头的埃及式神明,他们是天使,是神圣的信使(天使在希腊语中就是信使),他们是神圣理念,如今我们或许会称呼他们为宗教象征。

为什么这些难题会出现?在西方,哲学是作为对宗教的批评而开始的。它不喜欢宗教为了理解我们的经验而总是想要对我们必须使用的术语做具体化、拟人化、故事化的处理。所以哲学和宗教分离成两个截然不同的——或者是看似截然不同的——传统。这两个传统一直都试图保持分离。

但它们同时都注意到它们沿着相似的轨迹发展，并再一次纠缠在了一起。基督教柏拉图主义是这样，我所从事的这种"激进神学"也是这样，都沉浸在德国唯心主义哲学（康德和黑格尔）和现代法国"理论"中。如今，这些专业术语已经变得过于复杂难懂，以致非专业人员难以应付——或许任何人都难以应付。我为我不得不使用的大量难懂的专业术语而道歉。然而我的宏大叙事所采用的基本论点是相当简单的：宗教世界即是我们脑海中的世界，是先验的，但不是超验的①，是能使我们建造世界并得以生存的巨大的文化编程体。宗教以及典型宗教式的思维和行动促成了这一建构并使我们铭记心中。最终，宗教逐渐使我们更好地理解它自身，同时还有我们自身。用一句话结束这部分的论证：上帝创造了我们；去除它的神

①　超验即这样一个领域，它居于所有可能的经验之外，而先验靠近经验的这一边。正如康德所提出的，先验包含所有客观经验的可能性的条件。

话色彩,即是说宗教创造了我们。它牵引我们脱离野性,规训我们,造就我们现在的一切。它仍然充斥着我们的脑袋,比我们中大多数所认为的还要多。

现在让我们继续这个故事,简单地思考一下希伯来《圣经》中的上帝是如何创造文明的——新宏大叙事的第二幕的主题。古老的游牧民族在他们祖先的土地上四处迁移,但却几乎没有给这片土地留下什么难以磨灭的印迹。因为他们还没有扎根于任何一个特定的地方,他们的神学,他们的世界观,他们的宗教和人格还没有集中和划分等级。他们仍然是比较民主的,因为一个由狩猎—采集者组成的游牧社会还不是一个真正的阶级社会或等级社会。然而当上帝处在他独有的居所,处在他自己的圣城的中央,处在他自己的圣地的中央时,他实则在地上建立了一套有关神圣程度清楚明白的系统。这就像一个靶,一个箭靶,上面标出一个个同心圆。最高的价值集中在中间的靶心上,当你渐渐远离这个中心时,集中的神圣力量的程度也会逐步地(即逐"步"地)下降。

当上帝定居在一个地方时,他在地上建造了一个神圣的固定中心,在它的周围是一系列蔓延至领土边界的同心圆。这并非他建立的唯一一个阶级化体系:还有一条垂直线,即世界之轴,它从最高的天堂一直垂到神的宝座,即他栖息的圣山,然后下到地狱的深渊。整个宇宙很容易被看成一个同心球的体系,正如但丁的《神曲》中描述的那样。它就像一个陀螺,绕着轴心缓慢地旋转。此外,还有一套多少与你的住址有关的社会等级制度,因为处在顶端的总是离中心最近的人:君主、宫廷、军队、商人和工匠在城墙之内,农民在田地里,还有(在最底层)流离的日工。所有人都面向这一神圣、权利、正义和交易的中心。时至今日,我们仍然被这一旧模型渗透到惊人的地步,我们实际上仍然原封不动地将它传递给每一代人。

这具有很深的神学意味。如今，哲学家、先知或文化激进人士要让我们相信，我们长达5000年的旧式标准的宗教宇宙论模型是一场梦魇，是我们真正需要永远抛弃的东西。任何怀揣这一宇宙论模型的人，都将毫无疑问地遭受痛苦。

理由是充分的。旧模型创造了我们，它把我们所有人塑造为我们之所是。我们把一切都归功于它。这就是我们仍然如此具有宗教性的原因。即使我们当中最具才干、最独特的人，也不曾不带勉强、不带痛苦地放弃旧的世界观。或许有人会说，从伊拉斯谟（Erasmus）、路德（Luther）和哥白尼（Copernicus）以来的西方思想史是将我们从旧式的思想中解放出来的长期斗争史。频频有革命者相信他们自己有资格宣告成功：法国大革命、尼采和上帝之死、俄国革命。但每一次这种宣告都被证明为有点为时过早。旧的思维体系以某种弱化的形式一再卷土重来，而应许的新人类也只能推迟出现。我们所有人都至少还是百分之五十的旧人类。

　　然而这一次,事情会变得有所不同。会不同吗?

第十二章　诸神的黄昏

这西方旧式的宏大叙事,从《圣经》开始,缓慢地成长着,直到奥古斯丁的《上帝之城》(413—426)才得到明确的阐述,但(不无争议)还没有达到它之后直到加尔文的《基督教要义》(1536)才达到的巅峰。到弥尔顿的《失乐园》(1667)的时候,它不可避免地崩溃了。弥尔顿在他的前半生遇到了年迈的伽利略:他不可能不知道发生了什么。

旧式的西方基督教宇宙论经历了一段更简单的历史。它缓慢地从各个地方汲取内容,包括《圣经》,克劳迪厄斯·托勒密

(Claudius Ptolemy)《天文学大成》(公元2世纪:托勒密的宇宙论也被阿拉伯穆斯林所采纳),以及托名狄奥尼修斯(Pseudo-Dionysius,通常是公元500年的《天阶体系》)。但是它是在但丁的《神曲》(1302—1312)那里才达到了巅峰并得到了终极的文学表述。在接下来的两个半世纪中,它被伟大的意大利画家明确地预料到了,在弗拉·安吉利科(Fra Angelico)和波提切利的画中尤其生动。在哥白尼之后,由于全新的以太阳为中心的"世界体系"被广泛接受,它迅速地式微了。弥尔顿虽仍然相信它,但有意识地持保留意见。

那漫长的诸神的黄昏——即旧式的宏大叙事及与之相关的宇宙论的式微和最后的崩溃——在西方一直持续着,正如我们所见,几乎有500年之久了。某种程度上,它的生命被圣歌、礼拜仪式和教会的权力利益人为地延长了:否则,我们很难解释为什么如此多的人仍然相信天使,为什么一位19

世纪著名的赞美诗学者如此肯定"在蔚蓝的
晴空上／有孩子们的家园"。她果真如此认
为吗——还是说她仅仅是用了一个她觉得
别人希望她用的语言？这很难定论，但在中
世纪和文艺复兴时期的文学领域拥有剑桥
大学教职的 C. S. 路易斯（C. S. Lewis）直
到 1950 年左右还曾对旧式宇宙论进行不甚
热心的复兴。[①]菲利普·普尔曼（Philip
Pullman），一位同时代的人，虽然对此完全
不相信，但仍然在他的三卷本儿童叙事诗
《黑暗物质》（1995—2000）中借鉴它、提及
它。因此，抹不去的是我们对往事的怀恋，
如今"信仰之海……它那忧伤、悠长的后撤
之吼（马修·阿诺德《多佛海滩》）"的余音挥
之不去。圣公会诗歌的传统延续至今，尽管
这些诗人自己已不再是完全的信徒了。[②]正

[①]　在他的科幻小说三部曲中，路易斯同样也
写了一本关于中世纪宇宙论的杰作：*The Discarded
Image*，Cambridge University Press，1964。

[②]　R. S. Thomas and Geoffrey Hill.

如另一位较晚近的圣公会诗人所说,我们拼命抓着我们那死了的神。

我们是如此的恋旧,甚至抓住我们叫嚣着要舍弃的那信仰的残余。例如,理查德·道金斯,沉迷于一个他不再信仰的神。为何?这是一种"请牢牢抓紧保育员/以免更糟的事情发生"的情形。当他注视着这个他并不相信的上帝时,道金斯可以理直气壮地自我感觉良好:他是优秀的、理智的、相对自由的。最重要的是,他能够推迟认真思考上帝之后留给他的还有什么。自尼采以来的"大陆"传统中,许多人努力去思考在上帝完全离去和被遗忘之后留给我们的还有什么;但在英语世界中,我们更愿意忠于更加安逸的半信半疑和无信仰。我们并不急于发现当上帝最终让出他曾经的地产时,他会带走多少。

究竟在上帝之后留给我们的还有什么?尼采表述得简明扼要:"虚无主义",或者稍繁琐一点,"没有关于道德的世界秩序"——也即,没有道德天命,没有对于我们道德价值观的绝对客观的认同。除此之外没有能够支持我们，或肯定我们的判断和评价的东西。在这全然偶然的世界中，我们只能依靠我们自己这一偶然的存在。除此之外，没有什么可以保证这个世界对我们而言具有意义，或者我们能理解它。

自尼采之后还有更多的要说。哲学已经趋近于我所说的"人类中心一元论"这种论调，接近于我们所知的全部就是我们的世界这种论调。我们无法进入一个绝对的或是无视角的世界。我们所知的全部，以及实际上存在的一切，就是我们的世界，一个已为我们头脑中的语言、文化规划和传统所影响了的世界。因而，我的这一努力，即寻找新的方法来反思宗教，完全来自于人类中心一元论。那是我们拥有的全部，我们永远不可能拥有或了解其他。有关人之外的客观实在，我所认可的绝大部分也大体上就是杰出的美国哲学家希拉里·普特南所认可的：在与别人的公开交谈中，我能帮助发展出关于世界的一种普遍的、经得住考验的、公共的世界观，一种（目前）起作用的并因而（目前）合理可信的世界观。它总是在不断地变化和发展，正如我们所知，但比起跟随着（目前）如今最好的、人类唯一的共识，我们不可能做得更好了：这就是如今最好的可用的故事了。我称呼它为"人类实在论"。这是关于我个人的立场的一个为公共和政治上都更能接受的版本，我个人的则更具怀疑性。但一般的新闻工作者、科学家和政客们做得很正确，即不时地强调为建立和维持一种关于我们世界的理性的共识而努力的需要。

如果这就是上帝之后人类所面临的情况，那么信仰上帝就是一切意味着什么？回顾前面，鉴于我们目前为止所讨论的，现在看来似乎定居的文明生活和耕作的兴起对一神教和相信死后生活的发展至关重要。先拿死后生活来说，自从1953年，英国考古学家凯莎琳·凯尼恩（Kathleen Kenyon）在耶利哥发现了她挖掘生涯中埋得最深的涂以灰泥的骨头,人们已普遍认为,当人类最早开始从事农耕的定居生活时,死人就一下子变得比以前重要得多。何以如此?因为在这新秩序中,你在世上的地位取决于你与祖业的关系。它是你的谋生之道,你的世袭财产。你对它的权利源自于你死去的祖辈;于是在全世界我们开始发现如今先辈的尸骨对于一个人来说何其重要。他死去的先辈已经成为他自己的精神内涵的一部分,通过这一装置他将自己与他的世界联系起来。但这也意味着他死去的先辈现在成为了引导他的诸神和灵魂世界的一部分。于是他似乎相信了他的祖辈是有死后生活的,作为一个受人尊敬的祖先,他们"高高在上",慈祥地看着他。而将他祖辈的尸骨放在附近似乎是很自然的事情,这是他的地盘和权利的可靠证据。在耶利哥,尸骨是在屋子的地板下发现的;在其他地方,尸骨有可能被埋在一个家的土地"份额"内最高的地方,或是放在一个特制的陵墓或骨灰盒中。

在这崭新的农耕文明中,父系继嗣和世袭遗产变得尤为重要。家族谱系也变得合情合理了,在很多地方甚至连神明都有谱系。在宙斯(Zeus)这一活着的诸神大家长之前,是他远古的父亲克罗诺斯(Chronos),而在克罗诺斯之前是一个更加久远的人物,他的父亲乌拉诺斯(Ouranos)。有趣的是,铜器时代宗教中死了的神明仍然"有效",也仍然可以被崇拜。奥西里斯(Osiris)和冥王(Pluto)是其中最为人所铭记的。

关于死后生活的事就谈这么多,之所以提到是因为我注意到当人们到了我这个年纪的时候,他们便倾向于对家族谱系产生兴趣。现在我们转向另一个有关人类的定居生活的当务之急,即他与神的关系。这里我们突然发现在对所谓"上帝的存在"的愚蠢争论中,真正的问题是早期耕种者对于一个在场的强大的、具有保护作用的、可以随时被他轻松意识到的中心的需求。

在这中心之内是居于宝座上的神,从他这儿散发出神圣的力量和权威。在这个中心,士兵得到供养,至少武器得到供给。集市也在那儿,工匠们住在那儿。至少每年一次,耕作者会上去进行贸易,参加庆典。事实上,他生命的全部都是围绕着这一中心转的。

在每一个地方,人们总是上行至这一中心,因为在每一个地方,上帝的宝座都被认为是在最高地的。在英国,我们总喜欢上行至山上堡垒看看,它们现在被认为是像原始的城邦那样为居住在其视野中的人们和仰望它们的人们发挥功能。古代的以色列人登上位于耶路撒冷的上帝的住所,即圣殿山,这就相当于如今英国人仍然去往伦敦,那儿的陆德门山(Ludgate Hill)上坐落着圣保罗大教堂,就像集市山(Market Hill)坐落着剑桥最重要的教区教堂。我们并不承认伦敦和剑桥位置都很低且地势低平得让我们担心:事实上,剑桥郡的一个堡垒是在沼

泽地里的①,大概仅仅比周围水域高 1.5
米。毫无疑问,在它最繁荣的时期,沼泽居
民仍然认为他们是登上那里。②

我要说的是,对上帝的信仰总是牵涉到
这样一种信仰,即相信整个复杂的有机系统
需要且拥有一个强大的、铸造出来的、可以
直接通往的中心去整合之。在宇宙层面是
上帝,在国家层面是君主,在个体层面是理
性灵魂。在实体形而上学及“同一性”一词
的用法中,同样的观念有了世俗的转录版
本。上帝总是高高在上这一观念被转录为
这样的哲学观念,即认为将所有事物整合在
一起的那个居于中心的个体化原则处在更
高的存在等级上。③它是“核心”,甚至是“本

---

① Stonea Camp at TL448930, nr. Wimblington.

② 在剑桥通过伦敦的铁路线上,人们在两个
方向上都是上行的,一个是上行至剑桥,一个是上
行至伦敦,这两个地方都是中心。

③ 20 世纪 60 年代时期,雅克·德里达的著
作是对于中心神话或者是(如有些人说的)“标准起
源”最强有力的评论。

质"，被认为是恒常不变的。

所有这些都解释了为什么上帝之死是一个如此重大的事件。上帝带走了所有关于客观秩序、可识性、永恒实在和价值的思想。一切都坍塌了。暴徒们走上街头。人们意识到这样一种相似：君主死后，我们怎么能够确保国家的存续和秩序呢？——上帝死后，我们如何反思并重建知识、伦理和我们自己的生活呢？

在短期内，人们总可以如此断言：正如在古代社会那样，死了的上帝、死了的君主和死了的父母在死后以某种方式继续存在着，并继续在这个他们曾经经历过的世界中认可和支持我们。但从长远来看，人们认识到，上帝之死意味着我们关于永恒的可理解的实在、永恒价值和永恒真理的所有思想的终结。一切，真的是一切的事物都是偶然的并正在消逝。短期内，现代人可以也确实是从他的基因会延续下去这一想法中得到暂时的安慰；他的后代也会暂时地记住他。但所有的事情都是偶然的,死亡就是消失,我们没法活得很长久。我们只是我们的外在:在我们之内没有永恒的核心本体。我们的生命只是一个燃烧和燃尽的过程。这就是存在的全部,也是我们的全部。

在西方这占据最近的四五个世纪的、漫长的诸神黄昏中,所有这些都渐渐被我们意识到。谁是第一个知道的呢?或许是马洛(Marlowe),莎士比亚(Shakespeare),蒙田(Montaigne)。休谟(Hume)肯定是的。有一些至少是叔本华同时代的人,比如弗朗兹·舒伯特(Franz Schubert)。但这种认识直到19世纪后期才开始广泛传播。在某种程度上,尼采是最伟大的。塞缪尔·贝克特(Samuel Beckett)或许是近来最具有个人魅力和雄辩口才的人物。然后,这一信息传达到了教会自身,在1960年左右的文化战火之后,它们的式微也加速了。如今,我们最终开始明白每一个人——至少在欧洲——

都多少知道结果了。①这旧式的幻想，即人类生命的最终目的是在永恒的快乐状态中稳妥地拥有关于绝对完美者（上帝）的绝对知识，最终全然消失了。现在，存在着的只是片刻的燃烧。我们永远不知道我们不得不走向终点。这就是在对生命的宣判的最后也没有一个完全终止的原因。

当然，我暗示了我们已经走到了新的宏大叙事的第二个循环的第三幕的终点。道德家、哲学家和宗教先知们对于复杂的教会基督教的批判已经完成。我认为，在我们所剩的时间里，除了太阳式的生活和太阳式的爱，其他什么也没有。这就是为什么在加利利，耶稣触碰到了那顶端，也即至善（Summum Bonum）。仅此而已，除了重新发现恰好由他第一个发现并教导别人的生活方式以外，宗教没有未来。

---

① 美国在某些方面有点例外，这很难解释原因。

181

第十三章　至　善

　　根据西方哲学和西方神学的悠久传统，人类是一种因为拥有理性灵魂而区别于其他动物的动物。当然还有其他类型的灵魂——例如，动物灵魂——但在我们之内的核心自我是一个非物质实体，一个理性灵魂，这导致了很大的不同。肉体灵魂是动物生命的"准则"。它是自然的一部分，随着动物的死亡而消失。但理性灵魂不仅仅如此，因为理性超越自然。抬头仰望天空，人们仿佛能看见一个完全不同于尘世的世界。他们看到，在一个沿着规律、可预见的路线运转的完美球体上，有一个更高的、恒常的世界,一个天国世界,一个我们的理性与之有着特别的近似关系的世界,一个只要我们注视着它就能感到无限满足的世界。总而言之,是一个更好的世界。

在这种背景下,从柏拉图到启蒙运动的大多数哲学家都对人类持有一种二元的观点就不足为奇了。我们的肉体属于有形的世界、自然世界,并且注定要消亡。而我们的灵魂这样一种有限的理性实体,与那在上的永恒的天国世界有一种近似关系,并且天生是不朽的。与柏拉图一致,许多哲学家坚持人类灵魂预先存在于天国世界,现在只是暂时地以肉体的形象生活在人间的观点。人死后,灵魂会回到它那在上的世界中真正的、永恒的家。

神学家们对于灵魂持有同样的观点,但对于它的生命进程,他们描绘了一个有些不同的故事:对他们而言,每一个人的灵魂都是上帝为了"适合"一个特定的新受孕的人类胎儿,并使其拥有生命而特别创造的。我们的生命只是一段试用期,尽管我们由于生来就带着原罪而为初始的缺陷所困,确定的拯救之路却向我们敞开着。在死后,我们会暂时地划分为被拯救的或是罚入地狱的,至于最终的判决,我们则必须等到末日审判的降临。如果我们被判无罪,我们的灵魂便能与它们对应的身体重新结合,在此之后,我们将会在凝视与赞美上帝中享受永恒的幸福。

尽管哲学家和神学家如此地讲述了略有不同的故事,但哲学家,如果稍有区别的话,表现得更二元,而神学家则将更多的价值赋予肉体和死后生活中的社会角色,他们实质上都同意一点:沉思的(或用希腊语来说,"理论的",换言之,空想的)生活高于行动的生活。如果他们被问到对人类而言什么是最高的善,或至善,他们会给出实质上一样的答案:它是在对存在(Being)的永恒统一、必然和完善的智性直观或沉思中所实现的永福。神学家将这种状态称为得见上帝,或是至福。这就是要理问答说的"理解和爱上帝,以他为乐,直到永远"。这便是人的首要目的。宗教生活的目标就是如此。哲学家的目标是一样的:它是直观(与推论相对)知识,或者说是绝对知识。在柏拉图和黑格尔之间,理性生活常常被认为是一趟登上知识等级的阶梯,通往那在上的即至上的有着直观的、完全的、永恒的知识的神佑国度的旅程。那是哲学家的天国,与不仅基督徒的,还包括犹太人和穆斯林的——尤其神秘主义者们的天国实质上是同一的。

如今,关于至善的古老观念已经消逝,它消逝得如此完全以至于大多数人已经对它没什么印象了。①然而它曾经是如此强大,甚至无神论者如雪莱(Shelley)都会依附于它。这是他在济慈(Keats)——他称其为

---

① 尤其是女士总是抱怨拉丁基督教的灵魂观念,即明显地将人的自我从他的肉体和情感中分离开来,对她们而言非常不友好。这一抱怨显然是合理的。

"阿多尼斯"死时写的:

> 这时,安东尼司的灵魂,灿烂地
>
> 穿射过天庭的内幕,明如星斗,
>
> 正从那不朽之灵的居处向我招手。

从 18 世纪 90 年代至 20 世纪 60 年代,人们仍然沿用像"不朽"和"来世"这样的词——尤其在诗歌中——尽管这两个词如今愈加明显地仅仅被以隐喻的方式使用。"来世"真的不过是死亡,而"不朽"不过是名声。只是在最近的三十年左右,我们中的大多数人才感到能够让我们不再相信任何形式的来生这一点显明,甚至是在葬礼上。

同时,在这期间关于人类的一种新观念正发展壮大,如今它早已准备好要接任。①它的开端要向亚瑟·叔本华的哲学中去寻

---

① 我在 20 世纪 80 年代后期和 90 年代早期的诸多作品中都叙述"自我",包括 1994 年的《一切之后》。

找。人最好被理解为人的生活，而人的生活最好不要理解为一种实体，而是一种倾泻的过程或是一束能量，它最初强烈地涌出，直到在七八十年后渐渐消失。这些能量，或是"动力"，或是"欲念"，或是"情感"，甚至是"本能"，各种各样。它们当中最根本的不过是"生存意志"，其中许多都是成对又相互对立地出现的。因此，生存意志也一样，当我们渐渐衰老，我们或许会意识到一种不断在增长的对死亡的欲求，意识到在我们之内这两种冲动同时存在。另一个熟悉而有趣的例子是，一个在公共生活中喜欢支配别人的人，却会在床上显露出明显的性受虐的一面。

我们所有的冲动都寻求满足，但在社交世界这可能较难获得。用弗洛伊德的话来说，快乐原则被现实原则所压制。当这发生时，我们或许会通过某种代替或象征性的满足以寻求缓解；至于互相冲突的刺激，我们或许会寻找一种同时巧妙地缓解两者的途径。

基于人类的这一生理影响，人的生活就是一个连续的自我表现的过程。用叔本华的话来说，我们，如同我们也是其中一部分的整个世界，是（本体的）意志的表象。用弗洛伊德的话说，我们中的每一个人都是一束本能的驱力，寻找着自己的满足。一些是容易被满足的，如当我吃午餐的时候；其他的则会寻求社会所提供的各种形式的象征性满足。我们盛装打扮，我们炫耀自我，我们说长道短，我们表现出各种各样的社会角色。有些时候在我们的行为举止中，我们试图通过综合相互冲突的推力而把自己聚合起来；另一些时候其他人可以"读懂"这种作为我们"身体语言"的行为，然后他们会恶意地对其他人说三道四。

从这一较新的观点来看，那么，这个社会世界就是一个剧院，在其中我们每个人都扮演了数个角色。在生活的舞台上，我是自己的自我表现，我就是自己生活的进程。我就是自己上演的戏,我就是对各种我参与的社会游戏所作出的贡献,而你所见的几乎就是我所是的。我是一本开放着的书,你对我的阅读可能与我对自我的阅读一样好,或许更好。而我不再需要的是那种传统的西方观念,即认为我的"真我"是一个藏于我身体某处的不朽的理性灵魂;是一个上帝清楚了解的独立实体,并且我每日都为了自己检验它。从这一旧观念来看,我的宗教生活是隐藏着的"内在生活",我可以退缩在这里以便检视我的良心并祷告。如今对我来说,这一旧式的观念已变得毫无意义,追求基于那种自我理论的旧式灵性也只是浪费时间。如今,取而代之的是一种关于自我的彻底的"戏剧式"观念,即将其看成是一个在人类社会世界中表达和与他人交流的不断发展的过程。我们就是我们所扮演的角色。我们燃烧,然后燃尽。

既然如此,宗教生活是怎样的呢?不是将其看成在我们的主观性深处起引领作用

的第二生命或内在生命,在其中我们"只与
上帝沟通"(正如在马萨诸塞州的波士顿的
某个贵族家庭中的成员),我们现在必须学
习将宗教生活看成是外向的、情绪的、有表
现力的。①因为大量的宗教象征主义具有治
疗和调节的功能,宗教实践应当帮助我们解
决内心的冲突并将我们聚合起来,使我们变
得更加开朗。我们已经完全抛弃了这样一
种观念,即认为宗教实践是自我净化的一种
方式,通过它我们可以为末日审判和在另一
个世界的死后生活做准备。并不存在另外
的世界。有的只是现世,宗教不是要帮助我
们变得更压抑,而是少一点压抑,如此我们
才能更加有活力、创造力,更加坦诚地去爱。

　　从这一新的观点来看,这至善,这属于
我们人类的至善,即是太阳式的生活和太阳
式的爱。它是积极的、富于表现的,是一种
生活习惯,是我们必然会做的事情,而不是

---

　　①　我对这一主题阐述得最好的文本是 1995
年出版的《太阳伦理学》。

一种我们希望被赐予的消极且纯粹是理智状态的永恒至福。它完全是现世的。

有趣的是，由于你认为末世临近，伴随旧式的"末世紧迫"而来的紧迫感以一种新的方式归来。过去你体验到这一紧迫感是因为世界末日和审判日似乎临近。现在，我这个年老的人感到紧迫是因为我知道我没有多少时间剩下了。死亡，纯粹的消失，越来越近了，我必须在我有能力的时候做能做的事。如果你是在我死后读到了这些，好吧，我在过去向你问好！

请注意，因为太阳式的生活和太阳式的爱是一个无限制的"自我倾泻"的连续过程，或者用哲学家的行话来说是"自我外化"，所以在一个彻底太阳式的社会世界中一切都是完全开放且光明的。不存在任何隐秘、欺骗、表里不一或是隐瞒的空间。每一个人都必须是真诚的。这一主旨在《圣经》中尤为强烈，特别是与从天国世界进入此世的回归有关：主人归来了，是时候将账簿打开让他检查了。一切都将被审核。所有那些黑暗的角落和橱柜都必须被清扫。一切都必须被揭露出来,好让它清晰明白。不可能再会有隐瞒或者延误。①

在先进的信息技术和我们对于信息法规的自主权之下,我们理所当然越来越多地生活在这样的社会中。我们都渴望释放,我们每个人都渴望在任何时候——每周 7 天每天 24 小时——都对一切享有权力。一些评论者被这种极端的清晰性所震惊,他们希望保护自己的隐私。他们跟随法国哲学家让·鲍德里亚(Jean Baudrillard),将一个在其中每个人都开诚布公的文化看成是"可憎的"。我认为如今这种毫无保留的文化仅仅是长期以来将批判性思维系统而彻底地运用于文化生活的每一领域的结果。批判性思维需要每一处的公开和问责,这有可能终结类似资产阶级的文化,因为在这一文化

---

① 这一主旨在对观福音和其他一些有关耶稣时代的寓言故事中确实表现得非常强烈。

中,人们有权力永久地隐藏关于他们自身的真相。他们曾经——或许他们仍然如此——对他们的真实自我,与上帝的关系,他们的政见,尤其是对纳税收入总额守口如瓶。这样一种文化是柏拉图式的文化,它致使外观与内在的真实性相差悬殊,它寻求保持外观并隐藏真相的权利。但在最近几个世纪中,批判性思维的发展要求曾经隐藏着的一切事物都必须揭露并接受公众的检查,正如《圣经》中的思想世界一样,审判之日来临,上帝要求一切人和一切事物都必须开诚布公并接受检查。因此,在这一章中以及过去许多年,我的论点是我们目前的文化情况(后现代的、媒体主导的、极端开放的、超级沟通性的)在伦理上和宗教上都与耶稣在加利利布道时的文化情况十分相似。批判在希腊语中是判断的意思,而我们的批判性思维是在两个千禧年之后,对于上帝的审判即将来临这一古代思想的再循环。两者都要求责任、公开和"向外"。两者都要求终结在外观与真实之间的差距，尤其是在伦理和宗教上。他们都会说，都给我出来，就现在！

或许我们最初会觉得这一要求令人厌恶，接着感到可怕。但我们却无法躲避它。在旧式的文化中，你无法躲避上帝，因为他总能追上你。在这种文化中，你无法躲避死亡：无论你逃到什么地方，希望摆脱他，他总是在那儿等着你，对你说："哈！我们不是约好了吗？"而如今，你无法躲避对任何事物都可以很快取得信息的这样一种文化。它总是能追上你，如此你就会暴露无疑。

过去，人们还相信你可以通过将一丁点儿自我、灵魂和真我隐藏在内心以摆脱暴露、意外事件或者死亡，就好比如今有些人在自己家中隐藏着一个小的金库或地堡，以便在紧急情况下退守其中。人们相信，当你退入内心的城堡，你可以直接与全然在时空之外的神沟通。这样你便能寻找到全然的安全感。

不过，我认为世界末日之时，尘世/天堂

的差别,外观/真实的差别,公众/私人的差别,甚至一切差别都将消失。有的仅仅是绝对的道德选择的当下:我必须完全将自己交付给生活,我必须毫无保留,我必须停止跟其他人比较,我必须完全放弃怨恨,我必须趁我拥有的时候,全心全意拥抱并过我自己可能的生活。我们这样选择,将自己投入这种生活,这是至善,也是人生能达到的最高境界。耶稣在加利利的时候也曾教导过。他恰巧是第一个得到这一想法的人。① 另一些人也有同样的想法,其中一些是独立发现

---

① 这里暗指的是佛法,佛教通向幸福的道路没理由不被其他追求解脱者不时地意外发现,即便他们没有从良好传承的教师那里接收真理的好运。同样地,我放弃了认为基督具有独特性和唯一充分性的传统观念,因为据我所知,另一些人或许已通过太阳式的生活和爱完全独立地找到了耶稣通往幸福的道路。又因为这一道路可被任何选择跟随它的人所证明,它的价值并不取决于任何关于它精确的历史起源的声称。

的。①但没有人实施。这是一个偶然的发现,之后再也没有了。我个人认为,从20世纪60年代起,我们已经生活于这样一个年代,在其中上帝的信息将再一次被理解,不仅仅是对少数个体而言,更是对大众而言。

---

① 要更详细地了解耶稣,见我的《耶稣与哲学》,2009版。

第十四章　反对意见

对于本书，我预见到了会有若干抱怨和潜在的误解，这里我将试图解释以避免之。

一个新的宏大叙事？

当我开始神学研究的时候，最后一代伟大的神学家仍然在世：在欧洲有巴特、布尔特曼，在美国有蒂利希（Tillich）、尼布尔（Neibuhr），另外还有少数一些人物。如今已没有这样的人物了，具有重大建设性的神学理论（"教义神学"或"系统神学"）几乎完全没有著述，甚至连相关尝试都没有。在大学的神学院里，各种历史性的研究仍在继续——圣经学、教会史、教理史、宗教研究——并且仍然有可能写出有关神学的书。很多人也确实这么做了。然而关于神学的实质性著作却是缺乏的。这一学科似乎濒临死亡。完全不能期望教皇、大主教或教授们就传统基督信仰的限度内的某种观念提供或可以提供一种在智性上严肃的且与时俱进的辩护。这一领域早已被遗弃给新保守派的非理性主义。

为什么？传统的回答是，在德国哲学和圣经学这两个伟大的传统中，关于上帝的基督教哲学在康德、费希特、黑格尔和叔本华的工作中消亡了，接着关于启示的基督教教理在从（比如说）艾希霍恩（Eichorn）到 D. F. 施特劳斯（D. F. Strauss）的《圣经》学者的工作中也消亡了。在哲学和《圣经》批判学上的双重危机从 1780 年一直持续到了 1840 年。接着，在唯心主义、存在主义哲学和《圣经》实证主义的援助下，涌现了诸多反革命的尝试；但最后一波这样的尝试在

1960 年代偃旗息鼓。在 1970 年左右它便彻底结束了。①

我倒认为这一回答并不是十分准确。如果指出在 1960 年代这有趣而又剧烈的知识动荡时期，其他某些宏大叙事也消亡了，这将更加准确。特别像是马克思主义，还有在进步和人类完美性方面的自由主义信念，后两者是当参议员艾德·马斯基（Ed Muskie）退出总统选举时在他的告别演说中呼吁的（"我仍然相信人的完美性"）。已经发生的便是 1960 年代从马克思到尼采、从乐观的现代主义到虚无主义的后现代主义这样的知识转移，突然间暴露出所有现存的宏大叙事的神话性质，而人们却一直以来都从这种宏大叙事中寻找慰藉。宏大叙事是一个关于一切的大故事，它使所有陷于其中

---

① 见 Hugh McLeod, *The Religious Crisis of the 1960s*, Oxford：Oxford University Press，2007，reissued，2010；也可见卡勒姆·G. 布朗（Callum G. Brown）的著作。

的人们确信,从长远看来一切都会好的。自
1930年代以来,最重大的意识形态冲突发
生在天主教徒和共产主义者之间,而规划社
会的科学人文主义也吵着要求被认同。然
而如今,在60年代的末尾以及在随之而来
的关于后现代主义的争论期间,人们开始承
认所有这类宏大叙事的神话本质和荒谬
性——首当其冲的是那些最吵闹地声称自
己是现代的并具有批判性的,也就是马克思
主义和规划社会的科学人文主义。①

那时,许多神学家看到他们最吵嚷的对
手和敌人突然间屈服而感到十分高兴。而
他们没看到的是他们自己也同时失去了遮
蔽。现在神学本身也因具有宏大叙事的神
话本质而暴露出来。在20世纪30年代到

———————

① J. F. Lyotard, *The Postmodern Condition, A Report on Knowledge*, Manchester University Press,1984. 利奥塔(Lyotard)因揭示"对宏大叙事的怀疑态度"是后现代思想的一个主要特点而具有影响力。

20世纪60年代中期这段美好的时期,在格雷厄姆·格林(Graham Greene)的时代,天主教徒和欧洲共产主义者都曾致力于对两方都极度有益的争论。通过互相重视他们也互相支持! 他们曾更像是同盟者而不是对立者。如今,两者一起崩塌了。在70年代的西方,基督教不再是一个真正的宗教:你最多可以说,在某种程度上,佛教将挺身而出来取代它。

之所以是佛教,是因为佛教并不需要宏大叙事。它可以在一个虚无主义的时代里生存,因为它声称通往乐空的特殊途径可被那些追随它的人亲自证实。与此相仿,我曾声称,我关于基督教的极其简化的版本也可以在一个虚无主义的时代里生存,因为它通往乐空的路也同样可以被任何追随它的人亲自证实。更重要的是,我们大家都可能是正确的。两种宗教可能都是真的,因为我可以承认并尊重佛教关于至善及到达之路的描述;而佛教徒(或至少是,一些现代西方佛教徒)似乎也准备好了承认并尊重我关于至善及到达之路的描述。确实,因为我有犹太－基督教的背景,我重视肉体、情感和性爱,也将它们视为到达之路的一部分,然而传统的佛教却将它们视为痛苦的根源。但是我们仍能达成协议。在这种情况下,我们或许可以将两种宗教都视为真的,它们将彼此关联,正如行动的方法与冥想的方法在传统的基督教中彼此相关联那样。一些犹太教徒也很可能有意愿加入我,因为我已经抛弃了整个超自然的基督论,甚至包括对耶稣的弥赛亚身份的信仰和所谓的"基督"称号。在一个全然世俗的时代,所有这一切都消逝了。然而,我确实想要比"基督徒"所想的更加认真地对待耶稣的教导,至少一些"开明的"犹太教徒或许会支持我。

然而,我真的不能再次引入任何形式的宏大叙事了吗?在尼采之后,我们确实无法退回到任何形式的历史乐观主义中去,无法回到关于一切始末的整个叙事的道路上来。

作为答复，我会说好，但我仍然希望讲述一个宗教历史的故事，它可以帮助我们理解为何宗教对我们总是有如此巨大的重要性，并且塑造了我们现在的样子。实际上，与达尔文主义的背景相反，我们确实需要这样一种理论，它是关于我们如何可能在如此短的时间内走过漫漫长路，变成我们今天这个样子。事实上，我说的是为了变成我们自身，我们必须走宗教的路线，即借助这种他谓的思维。上帝与灵性都帮助我们思考，引导我们向前，促使我们迅速发展。而我的这一新的宏大叙事便是借助宗教来解释文化演进如何能够比（在我们的科学理论中）先于它的生物演化的发生快得多得多。宗教是我们的母亲，我们的老保姆，我们应该因着它为我们所做的而爱戴它、尊敬它。事实上，我们将一切都归功于它，仍是它的产物。直到 18 世纪，人们或许还是会以为最早期的人类本可以环顾四周然后直接进入自然哲学和关于上帝的因果论证。如今，这一假设无疑是荒谬的。我的新宏大叙事旨在为我们如何走到今天提供一个更好的版本。

读者将会发现，由于我彻底的语言学唯心主义，我曾尝试在表面上以意识史的形式写关于我自己的所有故事，并从内部进行构想。很多人类学家和历史学家会说这是极其异端的，是一个严重的错误，我不应该这么做。现在没有人敢于以《野蛮的心灵》或《原始思维》为标题写书。作为回应，我指出意识史的重现已经作为我们文化中的一部分而被给予我们——例如在《旧约》中，还有儿童文学中。此外，我从最近在考古学家中兴起的对重建早期思想的兴趣中汲取了养料。还有，我已如此年老却长久以来都如此异端，所以我已不再关心对知识不健全的指控。

基督论的终结？

在教会历史的第一个千年中，哪个在给人类带来拯救上更具有决定性，是上帝道成肉身于基督，还是耶稣死在十字架上？通常在第一个千年时答案会是："前者。"道成肉身被视为消除了上帝和有限的并终有一死的人之间本体论上的隔阂。"他成了我们所是，所以我们可能成为他所是的。"在第一个千年，这整个关于耶稣在十字架上可耻的、恐怖的死亡的主题是如此让人痛苦，以至于在艺术上不能轻易地描绘这一事件，尽管它也被没完没了地讨论着，一大批思想也被提出，但没有达成一个在知性和道德上都让人满意的理论建构方式。直到现在也仍然没有公认的"救赎教义"。毫无疑问，在第一个千年，人们发现道成肉身比十字架受难更容易思考。

在第二个千年，基督教形而上学开始衰弱，文化变得更加个人主义化。这似乎使得将自我从上帝那儿分开的障碍并不像道德那么具有本体论上的联结。在这种情况下，十字架受难以及关于基督如何通过他的死为我们赢得宽恕的理论，移到了前台。新教改革者认为基督真实地为我们而死并住在我们之中。代替理论便应运而生：上帝似乎出于为我们考虑、为了安抚自己的愤怒或类似的情绪而善意地欺骗自己，使自己对圣子的死感到满意。对于这一观念，我们不能也不应该再说什么了。

总之，我的观点是现在我们必须放弃整个基督论教条的循环：圣母无原罪始胎（马利亚由圣安娜所生）、童贞女受孕（耶稣是马利亚所怀）、道成肉身、赎罪论、耶稣复活、耶稣升天、天上的基督、基督再临和末日审判。如今这些教条中没有一个能作理性辩护——除了我的大叙事正寻找耶稣的教导而非耶稣本人的第二次降临；天上的基督或许可以被视为最近的"人类中心—元论"的预示。宇宙的基督，正如宇宙的佛陀，预示着现代激进的人文主义。

不幸的是，这还不是全部：我勉强认为"基督"这一称号也必须放弃，因为它通常预先假定了对于历史神学的认可，尤其是犹太

人的民族弥赛亚思想;而当我放弃了基督这
一称谓时,随之而来的便是像基督徒和基督
教这些词汇方面的问题。对我而言,一切都
是偶然的,而这也是一个偶然的事实,即拿
撒勒的耶稣这样一个特定的人恰巧为他自
己找到并教导了一种在我看来似乎是对我
们凡人至善的、最高的、最好的生活方式。
所以,我希望完全抛弃基督论,取而代之,将
注意力集中在耶稣的教导上。

　　另外还存在着一些问题:耶稣的教导仅
仅以一种非常扭曲的方式传到我们这里,在
过去两千年里它也没有被很好地理解与注
释。我对它的重建——更准确地说,是它里
面的那些对我而言非常有价值的部分——
无可否认也是有争议的。我对此无能为力,
然而我所描绘的这一新的宏大叙事暗示了
耶稣,这位老师,在教会终结之后仍然拥有
未来。

太单薄?

　　历史上的西方基督教骨子里就是一个

宏大叙事，一个关于创造、堕落、救赎的伟大宇宙故事，它大得足以给任何团体，无论多大，以一种在整个计划中的归属感和责任感。然而这一故事是虚构的，在今天已无法被述说——甚至以简化的方式也不行。一些人描绘了一个版本，它与人类不断进步的教育中的自由信仰有关，并且有几个人尝试将生物演化变成一个新的宏大叙事。我并不相信这些，所以我建构了我自己的小故事，它关涉宗教历史，以及大多数人（甚至那些非常不喜欢基督教的）仍能在耶稣教导的传统中发现最纯洁和最崇高的部分而感觉到的敬畏、尊重。在我的方案中，耶稣在加利利的布道是在宗教历史上所达到的最高点，同时也是堕落，因为他布道的传统很快就被曲解了，并且因着一个以他的人为中心的新的媒介宗教的发展而被置于一旁。但尽管耶稣的信息让人困惑，它并没有完全丢失，在过去的一代中，世界范围内对关于"人道主义伦理学"的道德权威的认可便是一个明显的征兆，它预示着现在世界比以往更加准备好了聆听耶稣的教导。北爱尔兰的伊恩·佩斯利（Ian Paisley）和格里·亚当斯（Gerry Adams）和解，20 年前南非的无流血民主化进程，以及最近对于海地地震的国际回应，这些事件在 20 世纪中叶前简直不可能在任何地方发生。将处于现代西方的欧洲福利国家之内的"劳动阶级的状况"与一两个世纪之前的这些人的先辈的情况相比，我们会发现仅仅在几代人的时间内，我们就走得如此之远。①

也许有人会说我对基督教的挽救不够，我的阐述也过于还原论了。但本书仅有一个有限的目的：它询问，什么样的替代物对我们而言可以有效取代旧式的、奥古斯丁式的宏大叙事。1963 年在剑桥大学举办的春季学期讲座中，J. S. 贝赞特（J. S. Bezzant），圣约翰学院的主教，述说着奥古斯丁的故事，然后又说到近

---

① 参见 Don Cupitt, *The Meaning of the West*, London：SCM Press, 2008。

来的文化变迁和知识进步已完全驳倒这些旧式故事,以至于"对它的一些赤裸裸的叙述竟带有恶意曲解的成分"。①

他是对的:我回想到当时我正在那儿。这里我已经提供了这一替代物的轮廓。但我无论如何都未尝试为形式多样并即使在这些世俗的、人们常常怀疑的时期都仍然有效的宗教生活和经验提供一个完整的描述。这些我也在其他地方做过。② 而这里我们所要关注的是陈述出一个故事的主线,它或许会帮助我们找到方向并历史地定位自己。

过度扩展

近几十年来,大量当代思想都坚持认为人的生存,以及人的思维,总是处于一个特殊的历史和文化环境中,这必然推导出我们

---

① 参见 D. M. McKinnon and others, *Objections to Christian Belief*, London：Collins, 1963，Pelican Books，1965。

② 参见我最近的书, *Theology's Strange Return*。

通过想象力进入生活于很久之前或者处于文化偏远地区的人类思维的能力是非常有限的。例如，在现代西方，普通的读者或许会喜欢阅读像简·奥斯丁（Jane Austen）的小说那样久远的书，而一个很有能力的传记作者，正如拥有大量的不寻常的证据的克莱尔·托马林（Claire Tomalin），他或许有能力让我们相信，我们早在 1660 年代就理解了塞缪尔·佩皮斯（Samuel Pepys）。但要回溯得更久远（或者是稍远一点）都是极其困难的。在神学上，20 世纪一开始的时候阿尔伯特·史怀哲（Albert Schweitzer）就准备好要对耶稣作一个大胆的心理学上的评判，但之后的一代神学家却坚持认为赋予耶稣一些像是现代人格之类的东西是荒谬的。从这一案例来看，由于高度扭曲的证据所带来的很大程度上的不利，过去全然是一个另外的世界。到 20 世纪末，人类学家也开始对自己用"直接观察法"试图进入史前的、"面对面"的人类思维怀有同样的疑问。

在过去我通常都是赞成这一疑问的,但在本书中我却为(非常不流行的)对立的那方辩护。这一转变有诸多原因。

第一,考虑到时间和我们当前关于"现代主义"的争论,我开始尝试这样一种观点,即过去并不是全然的不存在,因为当前的实际——尤其是,我们当前的思维方式和我们当前的语言——是过去累积起来的遗产,包括很多早期意识状态中有启发性的遗迹。梦、恐慌症、不安、心理异常、古代的语言习俗以及很多其他现象都可能会给我们提供可挖掘的古老材料。

第二,正如我前面所说,我们总怀有强烈的愿望用我们抚养孩子的方式、在我们给他们读的故事中整合思想史。令人惊讶的是,我们的宗教本身就是这样一种整合。或许它比自己所认为的更加具有历史性。

第三,我从小就对那些认为我们能够进入其他世界并探究的思想体系非常感兴趣。在学校,柏拉图主义和正统的新达尔文主义

(约 1950 年)便是这种思想世界的例子,其中一个"由上而下",而另一个则"由下而上"。之后,我发现进入近代早期从笛卡尔到克尔凯郭尔的哲学家的思想世界也同样令人兴奋。我觉得我们可以做到,并将大受裨益。

第四,也是最后一点,在体质人类学和考古学上,人类起源时知识和反思的快速发展仅有半个世纪。正如本书所指出的,我对这些发展很感兴趣,并且受它们的鼓励而重新思考人类起源,尤其是意识和知识的起源。

对于这一兴趣存在着一个哲学上的动机。在此书中我不停地请读者闭上眼睛,回到过去那个黑暗的背景前,回到那个除了对膨胀的、斑斑点点的混沌有模糊意识之外便一无所有的时刻。我曾指出,通过这一非常简单的思维实验,我们中的每一位都可以回到原始混沌和原初的黑暗,大量的创世神话都从这里开始。对我们每个人来说它都是立即可达的。那就是我们每个人各自开始的地方，那就是我们全体开始的地方。不是其他地方，而正是从这一混沌的黑暗中，没有任何外援，我们人类构筑了一切——整个现代全球文化和现代知识的庞大网络。所有的一切都是我们人类在没有任何帮助下从我们自己的观点内部出发所建立的共同人类建构，尽管一开始非常缓慢，但之后就以平稳加速的步调在过去 5000 年中非常快速地发展，而在过去的 500 年里爆发了。我们如何做到的呢？我们又如何开始的呢？

宗教自始至终都给予了我们正确的答案：起初是词，通项，种类名称，一个像是"熊！""老虎！""蛇！"这样的词，它们的呼喊穿过了混沌。它照亮了混沌，使它变得井然有序，也告诉我们该做什么：快跑！对我们呼喊的是第一个知识分子或者是放哨的人，当我们正在进食或做其他事的时候，他们警觉地观察着周围的环境。像这样的概括词在知觉领域、在心灵与世界之间运行着。一开始,概括词很多时候都是一种动物种类或是事物类别的名称,如今我们称呼它们为一个图腾或是一个吉祥物,不是任何特定的狼或是羚羊,而就是狼,羚羊:是种类,而不是个体。

在人类进化的某个时刻,我们放弃了与我们环境一种朴素的、自动的刺激—反应模式的互动,而用符号或词取代它。通过知觉的屏幕在心灵与世界之间流动的符号,帮助我们辨认作为羚羊或是蛇的东西。大声呼喊着,符号开始连结,将群体捆绑在一起,推动其共同的行动。在宗教中,符号被看成是一个图腾动物,或者是祖先流传下来的动物精灵,最终被当成是有着动物脑袋的神。在哲学中,符号相应地演变成了柏拉图式的理念或形式,甚至有时候演变成了天使,或是上帝心中的观念。而在从亚里士多德到维特根斯坦的传承中,符号变成了一种观念,接着最终变成了一个词。

这一切的含义即是宗教的超自然世界

是隐藏于心灵与世界之间的"先验的"领域，在其中语言得以展开并从体验的混乱中理出思绪。从这一起点出发，我已经试图解释宗教思想为何以及如何长久以来对我们而言极其重要。从长远观点来看，宗教通过将世界作为我们的世界完全地传递给我们，并且将我们传递给我们自身而完成了它的使命。它最后的馈赠是我所说的"太阳式的"生活方式。以那样的方式生活本身就是至善，是我们能得到的最美好的东西。

参考文献

Augustine. *The City of God*, (tr.) Henry Bettenson. Harmondsworth：Pelican Books,1972.

Eve Tavor Bannett. *Structuralism and the Logic of Dissent*. London and New York：Macmillan,1989.

Maurice Bloch. *Prey into Hunter*. Cambridge：Cambridge U. P. ,1972.

Callum G. Brown. *The Death of Christian Britain：Understanding Secularization* 1800— 2000 (2nd ed.), London：Routledge，2009.

Don Cupitt. *The Nature of Man*.

London：SPCK，1979.

——. *After All*. London：SCM Press，1994.

——. *Solar Ethics*. London：SCM Press，1994.

——. *Impossible Loves*. Santa Rosa, CA：Polebridge Press，2007.

——. *The Meaning of the West*. London：SCM Press，2008.

——. *Jesus and Philosophy*. London：SCM Press，2009.

——*Theology's Strange Return*. London：SCM Press，2010.

Richard Dawkins. *The God Delusion*. London：Black Swan，2007.

Mary Douglas, *Evans-Pritchard*. Glasgow：Collins（Fontana Modern Masters），1980.

E. E. Evans-Pritchard. *Theories of Primitive Religion*. Oxford：Oxford U. P.，

1965.

H. Frankfort (ed.). *The Intellectual Adventure of Ancient Man*. Chicago: Chicago U. P. ,1941; UK edition: *Before Philosophy*. Harmondsworth: Pelican Books,1949.

S. Freud. *Totem and Taboo* 1913, Eng. (tr.) 1918, many editions.

Thorkild Jacobsen. *The Treasures of Darkness*, New Haven. CN: Yale U. P. , 1976.

Claude Lévi-Strauss. *Totemism*, (tr.) Rodney Needham. Harmondsworth: Pelican Books,1973.

C. S. Lewis. *The Discarded Image*. Cambridge: Cambridge U. P. ,1964.

David Lewis-Williams and David Pearse. *Inside the Neolithic Mind*. London: Thames and Hudson,2009.

David Lewis-Williams. *The Mind in the*

Cave. London: Thames and Hudson, 2002.

Hugh McLeod. *The Religious Crisis of the 1960s*. Oxford: Oxford U. P. , 2007.

Steven Mithen. *The Prehistory of the Mind*. London: Phoenix/Orion, 1998.

——. *After the Ice*. London: Phoenix/Orion, 2004.

J. B. Pritchard. *Ancient Near-Eastern Texts relating to the Old Testament*. Princeton, NJ: Princeton U. P. , Third Edition, 1969.

Colin Renfrew and Ezra B. W. Zubrow. *The Ancient Mind: Elements of Cognitive Archaeology*. Cambridge: Cambridge U. P. , 1994.

L. A. Selby-Bigge, ed. *Hume's Treatise*. Oxford: the Clarendon Press, 1988 etc.

Wilfred Cantwell Smith. *The Meaning and End of Religion*. New York:

Macmillan,1962；UK edn. London：SPCK，
1978.

Thomas L. Thompson. *The Bible in History*. London：Jonathan Cape,1999.

Edward Burnett Tylor. *Primitive Culture*, 2 vols. ,1871.

D. W. Winnicott. *Playing and Reality*. London：Hogarth Press,1971.

人名对照表

Adams，Gerry　格里·亚当斯

Aristotle　亚里士多德

Arnold，Matthew　马修·阿诺德

Augustine of Hippo　希波的奥古斯丁

Austen，Jane　简·奥斯丁

Barth，Karl　卡尔·巴特

Baudrillard，Jean　琼·鲍德里亚

Beckett，Samuel　塞缪尔·贝克特

Bezzant，J. S.　J. S.贝赞特

Black，William　威廉·布莱克

Botticelli，Sandro　桑德罗·波提切利

Buddha　佛陀

Bultmann, Rudolf　鲁道夫·布尔特曼

Bunyan, John　约翰·班扬

Calvin, John　约翰·加尔文

Campbell, Joseph　约瑟夫·坎贝尔

Copernicus, Nicholas　尼古拉斯·哥白尼

Dante　但丁

Darwin, Charles　查尔斯·达尔文

Dawkins, Richard.　理查德·道金斯

Derrida, Jacques　雅克·德里达

Descartes, Rene　勒内·笛卡尔

Dostoyevski, Fyodor　费奥多·陀思妥
耶夫斯基

Durkheim, Emile　埃米尔·涂尔干

Eichhorm, J. G.　J. G. 艾希霍恩

Eliade, Mircea　米尔恰·伊利亚德

Eliot, George　乔治·艾略特

Erasmus, D.　D. 伊拉斯谟

Evans-Pritchard, E. E.　E. E. 埃文斯
一普里查德

Feuerbach, Ludwig　路德维希·费尔巴哈

Fichte, J. G.　J. G.费希特

Francis　弗朗西斯

Frisch, Karl von　卡尔·冯·弗里施

Freud, Sigmund　西格蒙德·弗洛伊德

Galileo Galilei　伽利雷·伽利略

Gandhi, M.　M.甘地

Harvey, Van　凡·哈维

Hegel, G. W. F.　G. W. F.黑格尔

Heidegger, Martin　马丁·海德格尔

Hume, David　大卫·休谟

Jung, Carl Gustav　卡尔·古斯塔夫·荣格

Kafka, F.　F.卡夫卡

Kant, Immanuel　伊曼努尔·康德

Kazantzakis, N.　N.卡赞察斯

Keats, John　约翰·济慈

Kenyon, Kathleen　凯莎琳·凯尼恩

Kierkegaard, Søren　索伦·克尔凯郭尔

Köhler, Martin　马丁·科勒

Lacan, Jacques　雅克·拉康

Lack，David　戴维·莱克

Levinas，E.　E. 列维纳斯

Lewis，C. S.　C. S. 路易斯

Ling，Trevor　特雷弗·林

Lorenz，Konrad　康拉德·洛伦茨

Luther，Martin　马丁·路德

Mahfouz，Naguib　纳古伊·马哈福兹

Malinowski，Bronishlaw　布罗尼斯拉
夫·马林诺夫斯基

Malory，Sir Thomas　托马斯·马洛礼

Mandela，Nelson　纳尔逊·曼德拉

Marx，Karl　卡尔·马克思

Milton，John　约翰·弥尔顿

Mithen，Steven　史蒂芬·米森

Montaigne，Florio de　佛罗里奥·德·
蒙田

Murdoch，Iris　艾利斯·默多克

Muskie，Ed　艾德·马斯基

Needham，Rodney　罗德尼·尼达姆

Newton，Isaac　艾萨克·牛顿

Niebuhr, Reinhold　莱因霍尔德·尼布尔

Nietzsche, F. W.　F. W. 尼采

Overbeck, F.　F. 奥韦尔贝克

Paisley, Ian　伊恩·佩斯利

Pamuk, O.　O. 帕慕克

Parmenides　巴门尼德

Pepys, Samuel　塞缪尔·佩皮斯

Petrarch　彼特拉克

Plato　柏拉图

Pseudo-Dionysius　托名狄奥尼修斯

Ptolemy, Claudius　克劳迪厄斯·托勒密

Pullman, Philip　菲利普·普尔曼

Renfrew, Colin　科林·伦弗鲁

Rushdie, Salman　萨曼·鲁西迪

Ruskin, John　约翰·罗斯金

Said, Edward　爱德华·萨义德

Schopenhauer, Arthur　阿瑟·叔本华

Schubert, Franz　弗朗兹·舒伯特

Schweitzer, Albert　阿尔伯特·史怀哲

Shakespeare, William　威廉·莎士比亚

Shelley，P. B.　P. B. 雪莱

Socrates　苏格拉底

Spengler，O.　O. 斯宾格勒

Stevens，Wallace　华莱士·斯蒂文斯

Strauss，David Friedrich　大卫·弗里
德利希·施特劳斯

Tillich，Paul　保罗·蒂利希

Tinbergen，N.　N. 廷伯根

Tomalin，Claire　克莱尔·托马林

Tylor，Edward　爱德华·泰勒

Unamuno，M. de　M. 德·乌纳穆诺

Vladimir，Emperor of Russia　弗拉基米
尔，俄国沙皇

West-Williams，David　戴维·韦斯特-
威廉姆斯

Winnicott，D. W.　D. W. 温尼科特

Wittgenstein，L.　L. 维特根斯坦

译后记

　　库比特是当代杰出的后现代宗教哲学家、基督教神学家,至今已经出版著作 49 部。目前,国内已经翻译了他的 15 部著作:《上帝之后》、《空与光明》、《生活 生活》、《后现代神秘主义》、《快乐之路》、《人生大问题》、《不可能的爱》、《我们的头顶是天空》、《后现代宗教哲学》、《宗教研究新方法》、《太阳伦理学》、《耶稣与哲学》、《西方的意义》、《神学中奇异的回归》和《终约》。现在这本《新的大故事》,是他的第 16 部中文译著。读者如果对他的作品感兴趣,可以从上述所列书目中选择几本阅读,相信你定会有很大的收获。

　　有人问我为什么要独立或合作翻译这么多库比特的书,我的回答如下:中国宗教学界对于后现代宗教研究还比较缺乏。我个人认为提供一些这方面的文本是非常必要的。基于这样的考虑,我和我的合作者克服各种困难,尽可能做一些翻译工作。但我很清楚,后现代宗教哲学和后现代基督教神学不能局限于一个库比特。我也希望能够出版一些其他体现后现代宗教哲学和后现代基督教神学的著作。这是一项长期而艰巨的工作,需要更多的同行学者和朋友的努力。作为一个学者,我只能做我所能做的。在做的过程中肯定也会存在很多缺陷,所以,我希望能够得到学者和读者们的批评与指正。

　　在英文版《新的大故事》出版之前,库比特就给了我电子版,他说这书很独特,让我们对后现代世界的宗教有一个全新的理解。传统宗教有宏大叙事,那么后现代社会的宗教会如何面对传统的宏大叙事？会有自己的宏大叙事吗？库比特的回答一定让你感到"惊喜和释然"。

我决定翻译之后，刘瑞青和张倩都很愿意从事一点翻译的工作，于是开始了合作翻译。从导言到第八章的初稿由刘瑞青翻译，从第九章到第十四章的初稿由张倩翻译。我对全部稿子进行了大量的修订和校对工作，统一了人名、术语，对部分内容进行了再翻译。感谢富瑜，在翻译和校对过程中讨论了若干难点，让我们避免了不少错误。感谢库比特教授，在翻译过程中向他询问了若干难点，他都一一给予耐心解答。

感谢库比特和SCM出版社在版权问题上的慷慨，让我们能顺利地进行翻译工作。库比特还有很多重要的书没有被翻译成中文，我们希望以后有机会继续翻译他的其他著作以及修订我们已经出版的他的著作，为中国学术界提供一些第一手的后现代宗教哲学和神学的作品。

　　最后,感谢苏伟平先生对本书的关注,感谢"普陀山国际佛教文化交流中心"对本书的支持。感谢张琛女士和蔡圆圆女士的努力,第一时间将它献给中国学界。

王志成

2013 年 8 月于浙江大学

图书在版编目（CIP）数据

新的大故事 /（英）库比特著；王志成,刘瑞青,
张倩译. —杭州:浙江大学出版社,2013.10
（文明经典文丛/王志成,苏伟平主编）
书名原文:A new great story
ISBN 978-7-308-12090-6

Ⅰ.①新… Ⅱ.①库…②王…③刘…④张…
Ⅲ.①基督教－宗教文化－研究－西方国家 Ⅳ.①B97

中国版本图书馆 CIP 数据核字（2013）第 195325 号

新的大故事

[英]唐·库比特 著

王志成 刘瑞青 张 倩 译

责任编辑	张 琛
责任校对	蔡圆圆
封面设计	续设计
出版发行	浙江大学出版社
	（杭州市天目山路 148 号 邮政编码 310007）
	（网址:http://www.zjupress.com）
排 版	杭州中大图文设计有限公司
印 刷	浙江省邮电印刷股份有限公司
开 本	710mm×1000mm 1/32
印 张	7.5
字 数	86 千
版 印 次	2013 年 10 月第 1 版 2013 年 10 月第 1 次印刷
书 号	ISBN 978-7-308-12090-6
定 价	22.00 元